키르케고르의
『죽음에 이르는 병』
읽기

세창명저산책 105

키르케고르의
『죽음에 이르는 병』
읽기

초판 1쇄 인쇄   2024년 3월 18일
초판 1쇄 발행   2024년 3월 25일

—

지은이   박찬국
펴낸이   이방원
기획위원   원당희
책임편집   정조연   **책임디자인**   손경화
마케팅   최성수 · 김 준   **경영지원**   이병은

—

펴낸곳   세창미디어

신고번호 제2013-000003호   주소 03736 서울특별시 서대문구 경기대로 58 경기빌딩 602호

전화 02-723-8660   팩스 02-720-4579   이메일 edit@sechangpub.co.kr   홈페이지 http://www.sechangpub.co.kr

블로그 blog.naver.com/scpc1992   페이스북 fb.me/Sechangofficial   인스타그램 @sechang_official

—

ISBN   978-89-5586-803-6   02160

세창명저산책

키르케고르의 『죽음에 이르는 병』 읽기

SØREN AABYE KIERKEGAARD

105

박찬국 지음

세창미디어
MEDIA

머리말

절망의 현상학으로서
『죽음에 이르는 병』

　우리나라에서도 번역된『근대형이상학에 있어서 철학자의 신』이라는 주옥같은 소책자 외에도 여러 대작을 남겼던 독일의 철학자 발터 슐츠(Walter Schulz)는『죽음에 이르는 병』을 서양 철학사에서 가장 중요한 열 권의 철학서 중 하나라고 보았다. 나 역시 발터 슐츠와 마찬가지로『죽음에 이르는 병』을 서양 철학사에서 빼놓을 수 없는 중요한 책이라고 생각한다. 『죽음에 이르는 병』은 실존철학에 가장 큰 영향을 미친 책이다. 아니, 이 책은 실존철학에 그치지 않고 심리학, 정신분석학, 정신병리학에도 큰 영향을 미쳤고 지금도 미치고 있다.

　이 책은 언뜻 보기에는 그리스도교인들만을 위해서 쓰인

책처럼 보인다. 실로 키르케고르는 『죽음에 이르는 병』에서 진정한 그리스도교인이 되는 것이 인간이 진정한 자아를 찾는 길이라고 말하고 있다. 나는 그리스도교 신자가 아니다. 그런데도 누가 가장 좋아하는 철학서를 꼽으라고 한다면 단연코 『죽음에 이르는 병』을 꼽는다. 우리 인간이 어떤 존재인지를 이 책만큼 예리하면서도 깊이 있게 분석한 책은 없다고 생각한다. 따라서 나는 이 책이 인간이 어떤 존재이고 인생을 어떻게 살아야 하는지를 진지하게 고민해 보려는 사람은 한 번쯤은 꼭 읽어야 할 책이라고 생각한다.

『죽음에 이르는 병』은 그 부제를 '절망의 현상학'이라고 붙일 만한 책이다. 이 책에서 키르케고르는 절망이 나타나는 다양한 방식을 분석하면서 인간이 왜 절망하는지 그리고 그러한 절망을 어떻게 극복할 수 있는지를 치밀하게 분석하고 있다. 이 책에서 행하고 있는 절망 분석은 절망이란 현상에 대한 생리학적인 분석이나 심리학적인 분석과는 근본적으로 다르다. 이는 키르케고르가 절망이란 현상을 특정한 생리적인 조건이나 심리적 조건과 관련하여 분석하는 것이 아니라 유한성과 무한성의 종합이라는 인간 존재의 근본 성격과 관련하여 분석하기 때문이다.

철학사에서 절망이란 현상을 이렇게 치밀하게 분석한 책은 키르케고르의 『죽음에 이르는 병』이 유일하다. 이 책에서 키르케고르가 인간 삶의 특정한 현상에 대해 행하고 있는 치밀하면서도 심원한 분석에 비견할 수 있는 것은 하이데거가 『형이상학의 근본개념들』이라는 책에서 수행하고 있는 권태에 대한 분석 정도일 것이다.

키르케고르는 인간이란 존재가 갖는 수수께끼 같은 성격과 이러한 성격에서 비롯되는 인간 존재의 방황을 냉철하게 추적하고 있다. 인간의 심연을 이렇게 밑바닥까지 꿰뚫어 보는 키르케고르의 형형한 눈빛에 비하면 대부분의 정신분석학자와 심리학자의 눈빛은 인생의 표면에서 맴돌고 마는 흐릿한 눈빛에 불과하다는 생각이 든다.

키르케고르는 요사이 한물간 철학자로 여겨지고 있다. 젊은 사람들은 키르케고르라는 이름도 모르는 실정이다. 그러나 『죽음에 이르는 병』을 읽으면 우리는 왜 비트겐슈타인과 같은 대철학자가 키르케고르를 존경해 마지않았고, 하이데거나 야스퍼스 같은 실존철학의 거두들이 키르케고르를 자신들의 태두로 간주하게 되었는지를 이해하게 될 것이다. 심지어 야스퍼스는 1920년대의 철학하는 사람들은 '키르케고르의 말은 모두 진리라고 생각했다'고 말하고 있을 정도다.

그러나 『죽음에 이르는 병』은 키르케고르의 사상에 대해서 문외한인 독자들이 아무런 안내도 받지 않고 읽어 나가기에는 매우 어려운 책이다. 이 책은 헤겔이나 하이데거의 책 못지않게 어려우며, 아마도 서양 철학사에서 가장 난해한 책 중 하나일 것이다. 따라서 『죽음에 이르는 병』을 접하는 누구나 친절한 안내서를 찾게 된다. 이 해설서가 이러한 안내서가 되었으면 한다. 이 해설서는 난해하지만 심원한 통찰들로 가득 차 있는 이 책의 핵심 내용을 가능한 한 명쾌하면서도 이해하기 쉽게 풀어내려고 했다.

우리는 살아가면서 키르케고르가 분석하고 있는 절망의 다양한 형태를 통과한다. 따라서 『죽음에 이르는 병』은 인간 일반에 대한 책이지만 우리 개개인에 관한 이야기다. 이 책에서 우리는 우리 자신의 삶을 보는 것이다. 따라서 나는 이 해설서를 독자들이 자기 자신에 관한 이야기라고 느낄 수 있도록 쓰고 싶었다. 내가 이 책의 서두에서 키르케고르의 분석을 나의 어쭙잖은 인생 경험을 예로 하여 풀어쓴 것도 바로 그 때문이다. 내가 키르케고르의 분석을 진정한 나 자신을 찾아 나가는 과정 자체에 대한 분석이라고 느꼈던 것처럼, 독자들도 그렇게 느낄 수 있을 것이라고 생각한다.

2024년 3월

박찬국

차례

머리말 절망의 현상학으로서 『죽음에 이르는 병』   **005**

1장 들어가면서: 자기 상실로서의 절망   **013**

2장 죽음에 이르는 병은 절망이다   **029**

  1. 인간 존재의 근본 성격   **029**

  2. 인간의 과제로서의 필연성과 가능성, 유한성과 무한성,
    몸과 영혼, 과거와 미래의 종합   **035**

  3. 절망의 보편성   **042**

  4. 죽음에 이르는 병으로서의 절망   **051**

  5. 절망의 모든 형태   **055**

    1) 절망에 대한 의식 여부를 고려하지 않고 고찰되는 경우의 절망.
      따라서 여기서는 종합의 모든 계기만이 문제가 된다   **058**

    2) 의식의 규정 아래서 고찰할 경우의 절망   **101**

3장 절망은 죄이다   **147**

1. 신에 대한 신앙을 통한 유한성과 무한성의 진정한 종합   **147**

2. 죄와 신앙   **152**

3. 절망의 심화로서의 죄   **159**

4. 소크라테스의 죄 개념에 대한 비판적 고찰   **167**

5. 죄인의 드묾   **176**

6. 자기의 죄에 대해 절망하는 죄   **182**

7. 죄의 용서에 대하여 절망하는 죄(좌절)   **183**

4장 첫 번째 장에 대한 해설   **185**

5장 나오면서: 절망을 통과하는 신앙   **199**

1장

—

들어가면서: 자기 상실로서의 절망

키르케고르는 인간에게는 자신의 진정한 자아를 찾아야 한다는 과제가 주어져 있다고 본다. 우리는 흔히 자신이 항상 자기 자신으로서 생각하고 행동하며 존재한다고 생각한다. 그러나 키르케고르에 따르면, 인간은 태어나면서부터 자기 자신으로 존재하는 것이 아니라 다양한 절망을 통과하고 그러한 절망을 극복하는 것과 함께 비로소 진정한 자기가 된다. 그리고 인간이 진정한 자기가 되지 못하고 자신을 상실한 상태가 절망이다. 즉 절망은 실패한 자기 관계다.

이처럼 키르케고르는 절망이라는 용어를 일반적인 용법

과는 전혀 다른 의미로 사용하고 있다. 일반적 용법에서 절망은 희망을 상실하고 좌절에 빠져 있는 상태를 가리킨다. 그러나 키르케고르는 우리가 부나 명예와 같은 세간적인 가치들을 기준으로 삼으면서 자신의 삶이 성공적이라고 희희낙락해 있는 상태야말로 가장 깊은 절망에 빠져 있는 상태라고 본다. 세간적인 가치들이야말로 언제든 쉽게 타격을 입을 수 있는 취약한 것이고 죽음과 함께 궁극적으로는 헛된 것이 된다. 따라서 세간적인 가치들의 허망함을 깨닫지 못하고 자신의 성공에 희희낙락하는 것이야말로 무방비 상태로 절망에 내맡겨져 있는 것이다.

이 점에서 키르케고르는 정상성과 건강함의 개념에 대한 하나의 전복을 시도하고 있다. 우리는 흔히 어떤 사회를 지배하는 가치를 충실하게 실현하는 삶을 정상적이고 건강한 삶이라고 생각한다. 그러나 키르케고르는 이러한 삶이야말로 진정한 자기로서 사는 삶이 아니라 군중의 일원으로서 사는 삶이라고 본다. 이러한 삶은 진정한 자기에 대한 일말의 의식도 없는 삶이기에, 절망적인 좌절감에 빠져 있는 상태보다도 훨씬 더 절망적인 상태에 있다.

이러한 삶은 인간 존재의 무한한 가능성을 깨닫지 못하면서 돈과 명예처럼 세상 사람들이 추구하는 유한한 것들에 빠져 있는 병적인 삶이다. 우리는 대부분의 경우 이러한 삶을 살고 있기에, 키르케고르는 건강하게 사는 삶이란 극히 예외적인 것이라고 본다. 가장 건강하게 살고 있다고 만족하는 동안에, 우리는 사실은 가장 병적으로 살고 있다는 것이다.

그러나 우리가 이러한 일상적 삶에 대해서 공허감과 허무감을 느끼게 되는 순간이 있다. 이 순간에 우리는 그동안 소중하게 생각했던 세간적인 가치는 물론이고 세상의 모든 것을 덧없는 것으로 느끼게 된다. 이 순간에 우리는 탄생에서 죽음에 이르는 자신의 삶 전체를 문제로 느끼면서 어떻게 살 것인지를 고뇌하게 된다. 키르케고르는 이 순간이야말로 우리가 진정한 의미에서 정신적 존재가 되는 순간이자 진정한 자아를 찾아 나서는 운동이 시작되는 순간이라고 보고 있다.

나의 삶을 예로 들어 보자면, 이렇게 정신적 존재가 되는 순간은 내가 고등학교 1학년일 때 찾아왔다. 그 당시 나는 집과 학교만 오가면서 학생의 역할을 충실히 행하고 있었다. 그러던 어느 날 갑자기, 나는 내가 '죽어야 할 존재'라는 사실을 확연히 깨닫게 되었고, 이와 함께 나는 '사는 게 무슨 의미가 있는가'라는 의문에 사로잡혔다. 특별한 사고(事故)가 없는 한 죽음이 찾아오려면 적어도 50년은 남아 있었지만, 그 순간 이래로 죽음은 바로 내 눈앞에 와 있었다. 그것은 모든 것을 삼켜 버리는 칠흑 같은 심연처럼 바로 내 앞에서 입을 벌리고 있었다. 그것은 아무런 말이 없었지만, 그 후 내가 오랫동안 빠져나오지 못하고 허우적거리게 될 질문의 소용돌이 속으로 나를 내던졌다. 그 질문이란 '어차피 죽어야 할 인생에 삶은 무슨 의미가 있는가'라는 것이었다.

이 질문은 나에게 답변을 강요하면서 나를 질식시켜 죽여 버릴 것 같은 기세로 짓눌렀다. 물론 이 물음에 사로잡히기 전에도 나는 '인간은 죽는다'는 사실을 알고 있었다. 그러나 그 전의 나는 하이데거가 말하듯이 '인간은 죽지만 나는 아직 죽지 않았다'라고 생각하면서, 죽음을 '언젠가는 일어나겠지만 아직은 생각하지 않아도 좋을 만큼 먼 사건'으로 여겨 왔다. 그 전의 나는 부모님과 사회가 요구하는 삶의 방식에 대해서 아무런 회의도 하지 않았다. 그러나 그 후부터 나는 고등학교 삼 년 동안을 부모님과 주위 사람들을 비롯한 사회가 추구하는 모든 것이 허망하다고 느끼면서 허무 속에서 부유하는 삶을 살았다.

거기서 길은 두 개가 있었을 것이다. 그 하나는 부모님을 비롯해 주위 사람들이 말하는 것처럼 쓸데없는 개똥철학일랑 그만두고 학생으로서의 본업에 충실하여 좋은 대학에 들어가는 것이었다. 다른 하나는 내가 나의 온몸을 바칠 수 있는 삶의 참된 의미를 발견하는 것이었다. 나는 이러한 삶의 의미를 발견하고 싶었다. 그러나 그러한 의미는 발견되지 않았고 매일매일을 절망적인 좌절감 속에서 살 수밖에 없었다.

키르케고르는 정신적인 깊이를 가진 자들만이 이러한 절망적인 좌절감을 느낄 수 있다고 보았다. 그리고 그는 '절망한다는 것은 최대의 불행이고 비참함'이지만, 인간은 절망할 수 있기에 동물보다도 무한히 우월한 존재라고 보았다. 키르케고르의 말처럼 고교 시절의 나는 절망 속에서 불행했지만, 절망하지 않는 다른 사람들에 대해서 우월감을 느꼈다. 물론 이러한 우월의식은 지금 생각하면 유치하기 짝이 없는 것이지만, 당시의 나는 나 자신을 세간의 가치들에 대해서 아무런 회의도 하지 않는 사람들과는 다른, 무언가 심오한 것을 찾아 나

선 고상한 사람이라고 생각했다.

키르케고르는 『죽음에 이르는 병』에서 내가 고등학교 시절에 경험했던 절망을 폐쇄성(Verschlossenheit)이라는 형태로 분석하고 있다. 그 당시 나는 모든 것이, 심지어 인간관계마저도 허망하다고 생각했기에, 가족과 친구들을 비롯한 모든 사람과의 관계를 단절하고 나를 철저하게 폐쇄했다. 그리고 그렇게 폐쇄된 성 속에서 혼자 살면서 절망 속에서 허우적거렸다.

이렇게 방황하던 중, 나는 대학에 들어가 당시 대학가에서 유행했던 마르크스주의에 빠지게 되었다. 나는 마르크스주의에서 내가 목숨을 바쳐도 후회하지 않을 삶의 의미를 발견하게 되었다. 키르케고르식으로 말해서, 나는 마르크스주의와 함께 "설사 온 세계가 무너져 버리더라도 내가 꽉 붙들고 놓지 않을 절대적 진리"를 갖게 되었다고 생각했던 것이다. 마르크스주의는 그동안 허무 속에 허우적거리면서 허깨비 같은 삶을 살았던 나에게 의미와 보람을 가져다주었다. 그러나 마르크스주의에 빠진 지 7년 만에 나는 마르크스주의에 회의를 느끼고 다시 허무의 심연 속으로 내던져졌다.

마르크스주의는 인간이 신처럼 한없이 선하고 자비로운 존재가 될 수 있다고 주장했다. 마르크스주의에 빠져들었던 처음 얼마 동안, 나는 마르크스주의 운동가들에게서 그런 신의 모습을 보았다고 생각했다. 그러나 시간이 갈수록 나는 이들 마르크스주의자에게서 신이 아니라 위대한 혁명가로 인정받기 위해서 서로 경쟁하는 인간들을 보게 되었다. 그들은 '자신이 신보다 뛰어난 존재가 될 수 있다고 생각하면서 신의 자리를 넘보다가 지옥에 떨어졌던' 천사 루시퍼와 같은 존재였다. 그들은 자신들이야말로 가장 선하고 정의로운 존재라는 교만에 빠져 있었고, 자신들의 유한성과 죄성을 알지 못했다. 그들의 실체는 붕괴한 동유럽 사회주의나 북한에서 볼 수 있듯이 그들이 권력을 잡았을 때 여실히 드러났다. 키르케고르는 이렇게 인간이 신이 될 수 있다고 생각하는 사람들이야말로 극도의 절망 속에 있다고 보면서, 『죽음에 이르는 병』에서 이러한 절망을 남성적인 절망이라는 형태로 분석하고 있다.

결혼하고 자식을 낳은 후부터, 나는 가정을 책임진 가장들 대부분과 마찬가지로 가족의 건강과 행복을 최우선으로 생각하는 소시민의 삶을 사는 것 같다. 그러나 가족의 건강과 행복이라는 것은 사실은 내가 예측할 수 없는 우연한 사건들에 의해서 언제든 파괴될 수 있는 유한한 것들이다. 나는 지금까지는 이런 일들이 일어나지 않았기 때문에 내 삶에 만족하고 있지만, 키르케고르는 이렇게 소시민적인 안락함에 만족해 있는 삶이야말로 가장 절망적인 삶이라고 부르고 있다. 그러한 삶은 언제든 쉽게 깨져 버릴 수 있는 살얼음판 위의 삶임에도 불구하고, 자신이 공고한 토대 위에 세워져 있다고 착각하는 삶이기 때문이다.

키르케고르는 이러한 삶 역시 하나의 절망이라고 간주하면서, 이러한 절망을 비본래적 절망이라고 부르고 있다. 이러한 삶은 사실은 절망 속에 있지만 자신이 절망 속에 있다는 사실을 깨닫지 못하고 있고, 오히려 자신이 성공적으로 살고 있다고 착각한다. 이 점에서 그러한 삶은 비본래적인 절망이며, 더 나아가 최악의 절망이다. 이러한 절망이 최악의 절망인 것은, 자신의 세간적인 성공에 희희낙락하는 자는 비탄과 좌절에 빠져 있는 자에 비해서 자신이 실질적으로 빠져 있는 절망에서 벗어날 가능성이 없기 때문이다.

위에서 보듯이, 나는 그리스도교인이 아니지만 내 인생 여

정의 많은 부분이 키르케고르의 절망 분석을 통해서 해명될 수 있다고 생각한다. 『죽음에 이르는 병』은 언뜻 보기에는 그리스도교 신자들만을 위한 책으로 보이지만 실은 모든 인간을 위한 책인 것이다.

더 나아가 키르케고르는 진정한 그리스도교인은 극소수에 지나지 않으며, 그리스도교인 대부분은 진정한 자아를 상실한 채 절망 상태에 있다고 보았다. 심지어 키르케고르는 그리스도교인 대부분은 그리스도교인으로 존재한다는 것이 무엇을 의미하는지를 전혀 알지 못한다고까지 말하고 있다. 이 점에서 키르케고르가 생각하는 그리스도교와 신앙은 그리스도교인 대부분이 생각하는 것과는 본질적으로 다른 것이라고 볼 수 있다. 키르케고르에게 참된 그리스도교 신앙은 단순히 교회의 교리를 믿고 예식에 따르는 것이 아니라, 인간이 전적으로 변화되는 사건이었다.

키르케고르가 말하는 사태에 비추어 볼 때, 나는 그가 말하고 싶어 하는 신은 그리스도교를 믿지 않는 사람이라도 충분히 수용할 수 있는 신이라고 생각한다. 키르케고르에게서 신앙은 신의 무한한 사랑 앞에서 자신의 이기적이고 자기중심적인 삶에 대해 참회하고 신의 용서를 구하는 것을 의미한다.

이렇게 신 앞에서 자신을 낮추는 자만이 신적인 사랑을 경험하고 그것을 다른 사람들과 함께 나눌 수 있는 자로 높아질 수 있다. 나는 이러한 신 경험과 신앙은 불교의 한 종파인 정토종에서도 매우 분명하게 보인다고 생각한다. 불교의 다른 종파들과는 달리, 정토종은 우리는 신에 의해서만 구원받을 수 있다고 믿는 타력 종교의 성격을 강하게 갖고 있다.

일본 정토진종의 창시자인 신란은 인간 존재의 절망적인 유한성을 '죄악심중, 번뇌치성(罪惡深重, 煩惱熾盛)'이라는 말로 표현했다. 인간의 죄악은 헤아릴 수 없을 정도로 무거우며, 번뇌는 끊임없이 들끓는다는 것이다. '죄악심중'이라는 말은, 인간의 마음뿐 아니라 몸의 세포 하나하나에까지 이기심과 자기중심주의가 깊이 뿌리내리고 있어서 우리의 생각 하나하나, 행동 하나하나가 모두 죄악으로 물들어 있다는 것을 의미한다. 우리는 이렇게 이기심과 자기중심주의에 사로잡혀 세상이 자신의 뜻에 따르기를 바라지만, 세상은 우리 뜻대로 움직이는 것이 아니다. 따라서 우리는 세상과 끊임없이 갈등을 빚으면서 온갖 번뇌에 사로잡혀 몸과 마음을 괴롭힌다.

'죄악심중, 번뇌치성'이라는 말은 진지하게 자신을 변화시키기 위해 노력한 적이 있는 사람이라면 누구나 공감할 수밖에 없는 말이다. 아무리 뿌리 뽑으려고 해도 이기심과 망상은 끊기 어렵다. 일시적으로 청정한 마음 상태가 찾아오기도 하지만, 조금만 경계를 게을리해도 마음은 다시 오염된다.

이렇게 인간의 유한성을 강조하면서, 신란의 정토종은 그리스도교에 근접하게 된다. 신란에 따르면, 인간은 '죄악심중, 번뇌치성'의 존재이기에 자력으로는 번뇌 망상의 불길로부터 벗어날 수 없다. 따라서 우리는 아미타불에 전폭적으로 귀의하여 아미타불로부터 오는 구원을 기다려야만 한다. 인간이 자력으로 자신을 구원하겠다는 생각 자체가 죄악심중하고 번뇌치성한 자신의 유한성을 무시하는 오만의 발로이다.

신란에게 구원이란, 자신의 죄를 참회하면서 아미타불의 용서를 기다리고 이러한 아미타불의 용서와 은총을 통해서 신의 무한한 사랑으로 가득 차 사랑을 실천하는 것이었다. 나는 키르케고르에게서도 구원은 동일한 것이었다고 생각한다. 다만 키르케고르는 신란이 말하는 아미타불을 여호와라고 불렀을 뿐이고, 이 여호와가 예수라는 인간의 몸으로 태어났다고 믿었을 뿐이다. 그러나 절대자로서의 신이 있다면 오직 하나일 것이다. 따라서 신란이 믿은 아미타불과 키르케고르가 믿었던 여호와는 동일한 존재였을 것이다.

이러한 사실을 고려할 때, 키르케고르에게 '신이 예수라는 인간의 몸으로 나타났다'는 그리스도교의 교리가 진정으로 의미하는 것은 '신이 인간을 지극히 사랑하여 우리를 구원하기 위해서 우리에게 이미 가까이 와 있지만 우리 자신이 신을 영접하는 것을 거부하고 있다'는 것이다. 나는 키르케고르의 이러한 견해는 나나 신란처럼 신이 예수라는 역사적 인물로 나타났다는 사실을 믿지 않는 사람이라도 받아들일 수 있다고 생각한다.

30세가 되던 해의 어느 날, 나는 갑자기 온몸과 마음이 맑아지면서 환희와 사랑으로 충만해지는 것을 경험한 적이 있다. 이때 나는 나 자신이 우주의 근원과 하나가 되었다고 느꼈다. 이러한 우주의 근원은 충일한 생명과 사랑 그 자체였다. 나는 우주의 근원은 사랑의 존재로서 우리에게 항상 이미 와 있다고 느꼈다. 다만 우리가 부나 명예와 같은 세간적인 가치들만을 추구하면서 자기중심적인 탐욕에 빠져 있기에 그러한 우주의 근원을 망각하고 있을 뿐이다. 키르케고르는 신과 인간 사이의 거리를 강조하지만, 내가 경험한 우주의 근원이라고 생각했던 것도 이기적인 욕망에 빠져 있는 인간으로부터는 멀리 떨어져 있다. 그런데도 그것은 우리에게 그 어떤 것보다 가장 가까이 있다.

이런 맥락에서 나는 키르케고르의 그리스도교는 앞에서 살펴본 정토종뿐 아니라 불교 일반과도 통할 수 있다고 본다. 사람들은 흔히 불교와 그리스도교를 서로 양립할 수 없을 정도로 대립적인 종교로 본다. 즉 불교는 인간이 스스로의 힘으로 자신을 구원할 수 있다고 보는 자력 종교인 반면에, 그리스도교는 구원이 신에 의해서만 주어진다고 보는 타력 종교라는 것이다. 그러나 나는 정토종뿐 아니라 불교 일반에도 타력 종교의 성격이 있고, 정토종과 그리스도교에도 자력 종교의 성격이 있다고 생각한다.

불교에서는 그리스도교의 신에 해당하는 불성이 우리에게 이미 깃들어 있고 그것이 우리에게 항상 말을 걸고 있다고 본다. 다만 우리는 세간적인 가치들에 대한 탐욕에 빠져 불성을 망각하고 있을 뿐이다. 그러나 불성에 대한 깨달음은 우리가 원한다고 해서 오는 것이 아니라 자기중심성에서 벗어나기 위해서 끊임없이 수행하는 가운데 '어느 날 갑자기' 찾아온다. 이는 그리스도교에서 신은 우리에게 항상 와 있지만, 신이 우리에게 자신을 드러내는 은총은 우리가 원한다고 해서 주어지는 것이 아니라 어느 날 갑자기 찾아오는 것과 마찬가지다. 이렇게 깨달음이라는 것이 우리가 전혀 예상치 못하는 순간에 우리를 찾아온다고 보는 점에서, 불교에도 그리스도교 못지않게 타력 종교의 성격이 있다.

그리고 그리스도교 역시 우리가 신을 영접하기 위해서는 수행이 필요하다고 본다. 즉 참회하고 자신을 비우면서 신이 자신을 채워 주기를 기도하면서 기다리는 수행이 필요하다는 것이다. 따라서 그리스도교도 인간을 마냥 수동적이고 무력한 존재로만은 보지 않는다. 그리스도교도 불교 못지않게 인간이 구원받기 위해서는 해야 할 일이 있고 인간에게는 그런 일을 할 수 있는 능력이 있다고 보는 것이다. 이 점에서 나는 그리스도교나 정토종에도 자력 종교의 성격이 존재한다고 생각한다.

이런 의미에서 나는 키르케고르가 생각하는 그리스도교의

신앙 체험은 그의 절망 분석과 마찬가지로 그리스도교를 믿지 않는 사람에게도 호소력을 가질 수 있다고 본다. 특히 그가 분석하는 절망의 다양한 형태는 신의 은총과 사랑을 경험한 극소수의 인간 이외의 모든 인간이 겪는 절망들이다. 따라서 『죽음에 이르는 병』을 읽을 때 모든 사람은 자기 자신에 대한 이야기라고 느낄 수 있다.

이 책에서 키르케고르는 다른 인간들에 의해서 대체될 수 없는 단독자로서의 인간을 고찰하고 있다. 키르케고르는 인간 개개인의 삶이 특정한 사회구조에 의해서 규정된다고 보는 마르크스주의와 달리, 인간 하나하나는 단순히 사회구조로 환원될 수도 없고 그것에 의해 해명될 수도 없는 단독자라고 본다. 키르케고르는 이러한 단독자로서의 인간이 어떤 존재인지, 그가 어떻게 자신을 획득하고 자신을 상실하는지, 그가 어떤 경우에만 진정으로 행복한 삶을 살 수 있는지를 분석한다.

이 책의 첫 번째 장은 다음과 같은 수수께끼 같은 구절과 함께 시작된다.

"사람은 정신이다. 그러나 정신은 무엇인가? 정신은 자아이다. 그러나 자아는 무엇인가? 자아는 관계가 자신과 관계하는 관계이다. 관계에는 관계가 자기 자신에게 관계함이 포함되어 있다. 자아는 관계가 아니라, 관계가 자기 자신과 관계하는 것이다."

이 인용문을 읽으면서 독자들은 그 난해함에 아연해질 것이다. 2쪽 정도밖에 되지 않을 정도로 매우 짧지만, 이 구절과 함께 시작되는 첫 번째 장이야말로 서양 철학사에서 가장 난해한 부분 중 하나다. 이 부분에서 키르케고르는 『죽음에 이르는 병』의 핵심 내용을 정리하고 있기 때문에, 이 부분은 『죽음에 이르는 병』을 다 읽고 이해한 후에야 이해할 수 있다. 따라서 이 부분에 대한 해설은 4장에서 이 책의 내용을 종합적으로 정리하는 방식으로 행해질 것이다.

2장

—

죽음에 이르는 병은 절망이다

1. 인간 존재의 근본 성격

키르케고르는 절망에 대한 분석을 통해서 인간을 이해하려고 한다. 이러한 분석은 인간을 유한성과 무한성의 종합으로 보는 인간 이해를 전제한다. 키르케고르는 절망에 대한 분석을 통해서 이러한 인간 이해를 확증하는 동시에 심화시켜 나간다.

우리는 흔히 자신을 삶의 주인으로 자처하면서 삶을 자기 뜻대로 만들어 갈 수 있다고 생각한다. 그러나 살아 있는 모든 것과 마찬가지로 우리 인간은 스스로가 원해서 이 세상에 태어난 것이 아니다. 우리는 아무런 근거도 이유도 없이 세상에 내던져진 것이며, 이렇게 내던져진 후 여러 우여곡절을 겪으면서 삶을 꾸려 나가다가 어느 날 죽음을 맞게 된다. 이렇게 죽음을 맞는 것 역시 우리의 뜻과는 전혀 상관없이 일어난다.

우리가 흔히 내 것이라고 생각하고 나에게 속한 것이라고 생각하는 외모와 같은 육체적인 조건이나 재능과 성격과 같은 정신적인 조건도 우리가 원한 것이 아니라 우리에게 단적으로 주어진 것이다. 또한 우리가 살아가는 환경을 형성하는 부모나 형제 그리고 국가와 같은 외적인 조건도 우리가 택한 것이 아니라 주어진 것이다.

이러한 조건들은 우리 자신의 소망과는 상관없이 우리에게 단적으로 주어져 있으면서도 우리 삶을 강력하게 규정하는 것들이라는 점에서 필연적인 성격을 가지고 있다. 이런 의미에서 우리 인생은 필연성에 의해서 규정되어 있다고 할 수 있다. 아울러 그러한 조건들은 모두 다 덧없고 유한한 것들이다. 우리에게 주어진 외모와 재능 그리고 성격, 부모와 형제

자매 그리고 조국도 언젠가는 소멸하게 되어 있다.

인간 존재는 필연성과 유한성에 의해서 규정되어 있는 것이다. 나중에 하이데거와 같은 사상가는 키르케고르의 이러한 사상을 이어받아 인간 존재는 '내던져져 있음(Geworfenheit)'에 의해서 규정되어 있다고 말하기도 했다.

물론 인간의 삶은 필연성과 유한성에 의해서만 규정되어 있는 것은 아니다.

첫째로, 인간은 스스로의 노력으로 자신의 육체적·정신적인 조건들과 자신이 처한 외적인 상황을 크든 작든 변화시킬수 있다. 설령 이러한 조건들을 실제로 변화시키고 개선시키지는 못할 지라도, 우리는 그러한 조건들에 긍정적인 의미를 부여하거나 부정적인 의미를 부여할 수 있는 자유를 가지고있다. 예를 들어 우리는 어떤 부모 밑에서 태어나고 어떤 나라에서 태어났다는 사실을 바꿀 수는 없지만, 그러한 사실을 긍정적으로 또는 부정적으로 평가할 수 있는 것이다. 우리는그러한 사실을 저주로 받아들일 수도 있지만, 감사해야 할 은혜로 받아들일 수도 있다. 이 점에서 인간은 단순히 필연성에의해서만 규정되어 있는 존재가 아니라, 그러한 필연성을 넘어설 수 있는 가능성을 갖는 존재이기도 하다.

둘째로, 인간은 덧없고 유한한 조건들에 의해 규정되어 있으면서도 그러한 조건들에 의해 구속되지 않는 영원하면서도 무한한 행복을 희구한다. 그리고 이것이 가능한 것은 인간이 명확하게는 아니더라도 무한성과 영원성을 이해하고 있기 때문이다. 인간은 끊임없이 망상에 빠지지만 진리를 갈구하는 존재이며, 온갖 고뇌에 시달리지만 모든 고뇌에서 벗어난 완전한 지복을 갈구하는 존재이다. 바로 이 점에서 인간은 동물과 근본적으로 다른 존재이다.

파스칼은 인간의 유한성과 무한성을 인간은 갈대처럼 연약한 존재이지만 '생각하는 갈대'라는 식으로 표현했다. 우리 인간은 물 한 방울만 부족해도 사멸할 수 있는 보잘것없는 존재이다. 인간은 무한한 우주 속의 한 점에 불과하다. 그러나 인간은 우주 전체를 사유할 수 있다는 점에서 우주보다 위대하다. 또한 인간은 자신의 삶이 탄생에서 죽음에 이르는 짧은 시간을 둘러싸고 있는 허무라는 심연 위에 걸려 있는 위태롭고 비참한 존재이지만, 이러한 사실을 자각할 수 있다. 인간이 이렇게 자기 존재의 허망함을 자각할 수 있는 것은 그러한 무를 넘어선 충만한 존재 자체인 신을 예감할 수 있기 때문이다. 이 점에서 인간은 유한성과 무한성이라는 서로 조화되기 모순적인 성질들을 동시에 갖고 있다.

파스칼은 인간이 유한성과 무한성 양자를 갖춘 모순적인 존재라는 사실을 "진리의 수탁자, 애매와 오류의 쓰레기더미, 우주의 영예이자 폐품"이라는 말로 표현했다. 단적으로 인간은 하나의 괴물이라는 것이다. 그러나 파스칼은 인간이 무한성과 완전성을 예감한다는 것은 인간이 원래 신적인 무한성과 하나였고 자신 안에 무한성을 깃들게 하는 것을 과제로 갖고 있다는 것을 의미한다고 말한다. 파스칼의 사상을 원용하면서 미키 기요시는 이렇게 말한다.

"인간은 무한을 위해 만들어졌다. 그의 비참함은 그의 위대함을 말한다. 그리고 그것으로부터 우리는 인간의 본성이 오늘날에는 타락해 부패한 것이 되고 있지만

---

1   『팡세』, 434번, 미키 기요시, 『파스칼의 인간 연구』, 윤인호 옮김, 도서출판b, 2017, 45쪽에서 재인용

예전에는 선량한 것이었음을 인지할 수 있다. 왜냐하면 지위를 박탈당한 왕이 아니라면 누가 왕이 아닌 것을 지금 불행이라고 생각하겠는가. 인간은 말하자면 폐위된 왕이다."[2]

파스칼과 마찬가지로 키르케고르도 인간 존재는 필연성과 유한성에 의해 규정되어 있을 뿐 아니라 가능성과 무한성에 의해서도 규정되어 있는 존재라고 말하고 있다. 인간은 이렇게 필연성과 가능성, 유한성과 무한성으로 이루어진 존재라는 점에서 과거와 미래의 종합이기도 하다. 우리가 던져져 있는 유한하고 필연적인 조건들은 우리에게 '이미' 주어져 있는 것들로서 과거에 속한 것들이다. 우리는 이러한 과거의 기반 위에서 가능성과 무한성을 실현해야 한다. 이러한 가능성과 무한성은 우리가 장차 실현해야 할 것이기에 미래에 속한다.

키르케고르는 필연성과 유한성에는 과거뿐 아니라 몸이 상응한다고 보며, 가능성과 무한성에는 미래뿐 아니라 영혼

---

2 미키 기요시, 위의 책, 208쪽.

이 상응한다고 본다. 우리는 우리의 뜻과는 상관없이 늙고 병들며 사멸한다. 이 점에서 몸은 필연성과 유한성의 영역에 속한다. 반면에 가능성과 무한성은 영혼에 속한다. 우리는 영혼을 통해서 가능성과 무한성을 지향하면서 필연성과 유한성을 넘어서 있기에, 우리의 몸이 필연적으로 소멸할 수밖에 없는 것이라는 사실을 자각할 수 있다. 우리는 가능성과 무한성에 비추어 자신의 몸이 유한하다는 것을 자각할 수 있는 것이다. 이와 함께 우리는 또한 몸을 영혼과 구별되는 것으로 자각할 수도 있다. 이에 반해 동물에게는 가능성과 무한성의 차원이 닫혀 있기에, 동물은 몸의 유한성과 소멸도 자각할 수 없으며 몸을 영혼과 구별되는 것으로 자각할 수도 없다.

2. 인간의 과제로서의 필연성과 가능성, 유한성과 무한성, 몸과 영혼, 과거와 미래의 종합

인간은 유한성과 무한성을 종합하는 것을 과제로 갖고 있다. 다시 말해 인간은 언젠가 사멸해야 할 육신을 갖는 자신의 유한성 안에 무한성을 깃들게 해야 한다. 인간은 죽음을

향해서 나아가는 시간적인 존재이지만, 죽음 앞에서도 평정
을 유지하는 영원성을 경험할 수 있다. 인간은 유한한 존재이
지만 모든 사물을 감싸안는 무한한 사랑을 실현할 수도 있다.
그리스도교에서는 이러한 상태를 신의 은총을 경험하는 것이
라고 말한다.

　그런데 필연성과 가능성, 유한성과 무한성은 서로 대립하
는 것을 넘어서 모순적인 것이라는 점에서 인간의 존재는 하
나의 모순덩어리이다. 이렇게 서로 모순되는 것들이기에 그
것들을 종합하는 것은 극히 힘들다. 신의 은총 속에서 유한성
과 무한성이 궁극적으로 종합되지만, 신의 은총을 경험하는
것은 쉬운 일이 아니다.

　인간이 갖는 이러한 모순적인 성격이 가장 첨예하게 드러
나는 사건은 죽음이다. 죽음은 인간의 유한성과 필연성의 극
단이다. 그러나 인간은 다른 동물들과는 달리 자신이 죽는다
는 사실을 자각하면서 자신의 삶이 왜 그렇게 허망하게 죽음
으로 끝나야 하는지에 대해서 고뇌한다. 우리는 죽음과 함께
허망하게 끝나는 삶을 받아들일 수 없는 것이다. 우리는 자신
의 삶이 설령 죽음과 함께 끝나더라도 죽음 앞에서도 회한이

없는 의미를 갖기를 바란다. 우리는 자신의 유한한 삶에 무한한 의미가 깃들기를 바라는 것이다.

인간에게는 무한성과 영원성의 차원이 불명확하게나마 개시되어 있다. 그리고 그것이 개시되어 있기에 우리는 우리의 유한성을 의식할 수 있으며, 그러한 유한성을 자명한 것으로 받아들이지 않고 왜 나의 삶이 그렇게 허망하게 끝나야 하느냐고 고뇌할 수도 있다. 동물에게는 처음부터 이러한 무한성과 영원성의 차원이 닫혀 있기에 동물은 자신의 삶이 유한성과 필연성에 내던져져 있다는 것에 대해서 고뇌하기는커녕 그러한 사실을 자각하지도 못한다.

이렇게 유한성에 빠져 있다는 점에서 동물의 삶은 직접적인 성격을 갖는다. 동물은 자신의 삶에 대해서 반성하지 않으며 삶에 직접적으로 빠져 있을 뿐이다. 동물은 본능적인 욕구가 충족되면 그것으로 만족하며 삶에 대해 아무런 불만도 갖지 않는다. 이에 반해 인간은 본능적인 욕구가 충족되더라도 자신의 유한성을 의식하면서 그러한 유한성에 대해서 불만을 품을 수 있다. 이런 의미에서 인간의 삶은 직접적인 성격이 아니라 반성적인 성격을 갖는다. 모든 종교와 철학 그리고 과

학과 기술은 자신의 유한성에 대한 불만과 그러한 불만을 극
복하려는 인간의 노력에서 비롯된 것이다.

인간은 자신의 유한성을 극복하기 위해 자신의 삶에 대해
반성하면서 그것에 무한하고 영원한 의미를 부여하려고 한
다. 동물은 본능의 메커니즘에 따라서 살기 때문에, 어떤 의
미에서 그것에게는 삶이 자연에 의해서 주어져 있다. 이에 반
해 인간은 하이데거가 말한 대로 '자신의 존재를 문제 삼는 존
재'이다. 다시 말해서 인간은 자신의 삶을 반성하면서 어떻게
살 것인지를 고뇌하는 존재이다. 하이데거는 인간에게만 고
유한 이러한 존재 방식을 실존이라고 부르고 있다.

'어떻게 살 것인가'라는 물음에 대해서 키르케고르는 인간
은 자신의 유한성과 무한성을 성공적으로 종합하는 방식으로
살아야 한다고 말한다. 실로 인간은 유한한 존재이면서도 무
한한 존재가 되려고 하며, 자신의 유한한 삶에 무한한 의미를
부여하려고 한다. 그러나 이러한 종합은 저절로 이루어지지
않는다. 그것은 인간 '각자'가 자신의 자유로운 의지와 정신에
의해서 실현해야만 하는 적극적인 종합이다. 인간 개개인은
유한성과 무한성의 종합을 어느 누구에 의지하지 않고 자기

스스로의 힘으로 수행할 수밖에 없다. 그리고 이렇게 자신의 힘으로 그러한 종합을 수행하는 가운데 인간은 다른 어떤 것에 의해서도 대체될 수 없는 자신의 개체성과 고유성을 자각하게 된다.

키르케고르는 이렇게 인간의 개체성과 고유성을 철학의 시발점이자 종착점으로 보았다는 점에서 실존철학의 선구자라고 불린다. 이는 마르크스와 같은 철학자가 인간을 사회적 존재로 보면서 사회구조에 대한 분석을 철학의 시발점이자 종착점으로 보았던 것과 대조된다. 그것은 또한 데카르트 이래의 근대 철학에서 인간의 이성이나 의식을 철학의 시발점이자 종착점으로 보았던 것과도 대조된다. 이러한 이성이나 의식은 죽지 않으며 단독적인 것이 아닌 보편적인 성격을 띠고 있다. 그러나 키르케고르는 이러한 이성이나 의식도, 죽음과 유한성에 의해서 철저하게 규정되어 있는 인간 개개인에 속해 있는 이성과 의식임을 상기시킨다.

영혼과 육체, 무한성과 유한성, 가능성과 필연성의 종합은, 영혼을 육체에, 무한성을 유한성에, 가능성을 필연성에 구현할 경우에 진정으로 수행된다. 그러나 이러한 종합은 사멸할 수밖에 없는 유한하고 필연적인 몸에 무한성과 영원성을 깃들게 해야 한다는 역설적인 종합이다. 따라서 유한성 안에 무한성을 실현한다는 인간의 과제는 모순에 가득 차 있고 숱한 시행착오와 난관에 부딪힐 수밖에 없다. 그것은 우선 대개는 왜곡된 방식으로 수행된다.

키르케고르는 영혼과 정신을 서로 구별하는 것 같으면서도 경우에 따라서는 서로 동일한 것으로도 본다. 영혼과 정신을 서로 구별할 때 키르케고르는 영혼이라는 말로 정신 속에 깃든 무한성과 영원성에 대한 막연한 이해와 그것을 실현하려는 경향성을 가리킨다. 정신은 이렇게 막연하게 이해된 무한성과 영원성을 육체를 갖는 우리의 현실적인 삶에서 구체화하고 실현하려고 한다. 그리고 그것이 제대로 실현되었을 때 정신은 참된 만족과 평안을 느끼게 된다. 이런 의미에서 인간의 정신은 육체를 떠나서 존립하는 순수영혼이 아니라 육체 안에 자신이 지향하는 무한성과 영원성을 구현해야 하는 존재이다.

즉 인간이 자기 자신이 된다는 것은 인간이 무한성과 유한성을 동시에 구현한다는 것이다. 이렇게 무한성과 유한성을 동시에 구현한다는 것은 '자아를 무한하게 함으로써 자아를 무한히 자기 자신으로부터 해방시키는 것'임과 동시에, '자아를 유한하게 함으로써 자아를 자기 자신에게로 되돌아가게 하는 것'이다. 키르케고르는 자아가 그런 식으로 자기 자신이 되지 않는 한, 자아는 절망 상태에 존재하게 된다고 말한다.

'자아를 무한하게 함으로써 자아를 무한히 자기 자신으로부터 해방시킨다'는 것은 자아가 무한성을 구현하는 것을 말한다. 이에 반해 '자아를 유한하게 함으로써 자아를 자기 자신에게로 되돌아가게 하는 것'은 자아의 유한성을 무시하면서 무한성만을 추구하는 것이 아니라 자아가 처해 있는 유한한 조건들을 흔쾌하게 받아들이는 것을 의미한다. 즉 '자기 자신이 되는 것'은 무한성과 유한성 중 어느 하나도 무시하지 않고 유한성 안에 무한성이 깃들게 하는 것을 말한다.

이렇게 유한성 안에 무한성을 실현한 존재를 키르케고르는 '구체적인' 인간이라고 말한다. 이에 반해 유한성을 무시한 채 무한성만을 추구하는 인간은 '추상적인' 인간이다. 이러한 인간은 현실에 뿌리를 내리고 있는 구체적 이상 대신에 현실로부터 유리된 추상적 이상을 추구하기 때문이다. 유한성을 무시한 채 무한성을 추구하는 대표적인 태도는 현세를 가상의 세계로 무시하면서 천상의 세계를 추구하거나, 현실을 무시하고 공산주의와 같은 유토피아적인 미래를 추구하는 것이다. 이러한 태도는 인간의 유한성을 무시하면서 인간을 신이나 천사와 같은 존재로 착각한다. 이에 반해 무한성을 무시하면서 유한성에 빠져 부나 명예와 같은 세간적인 가치들에 집착하는 인간은 '속물적인' 인간이다.

3. 절망의 보편성

무한성과 유한성은 우리에게 처음부터 균형 있게 종합된 상태로 주어져 있지 않다. 그것들의 균형 있는 종합은 우리에게 과제로 주어져 있다. 무한성과 유한성의 종합이 과제로서 주어져 있다는 것은 우리는 항상 자신을 문제 삼을 수밖에 없다는 것을 의미한다. '자신을 문제 삼는다'는 것은 '탄생에서 죽음에 이르는 자신의 존재 전체를 문제 삼는다'는 것을 의미한다. 우리 인간은 죽음을 생각하면서, '어차피 죽어야 할 인생인데 왜 살아야 하는가'라고 자신의 삶 전체를 문제 삼는 존재인 것이다.

　우리의 인생은 이렇게 죽음으로 끝나게 될 삶에 대해서 무언가 만족스러운 해답을 얻으려는 고투라고 볼 수 있다. 그러나 이러한 고투는 많은 경우 실패와 좌절 그리고 절망으로 끝난다. 이러한 실패와 좌절 그리고 절망은 자신의 유한성에 무한성이 깃들게 하는 데 실패했음을 의미한다. 우리는 자신의 유한한 삶에 무한한 의미가 깃들기를 바라지만, 많은 경우 이러한 소망을 성취하지 못한 채 절망에 빠진다.

　이러한 절망의 책임은 결국 우리의 정신에 존재한다. 육체가 유한성과 무한성을 종합하는 노력을 할 수는 없기 때문이다. 오직 정신만이 그것들을 종합하려고 할 수 있다. 키르케고르는 신은 인간을 신 자신으로부터 해방시켜 인간이 인간 자신과 관계하도록 했기 때문에, 신에게는 책임이 없다고 말한다. 인간은 동물처럼 본능에 따라서 사는 것이 아니라, 자기 자신에 관계하면서 자신을 형성하는 정신이며 자아이기에, 인간은 자신의 절망에 대해서도 책임을 져야 한다. 절망은 비참한 외부 상황에서 비롯되는 것이 아니라 우리의 정신에서 비롯되는 것이다.

우리는 흔히 절망을 절망적인 좌절감에 빠진 상태를 가리키는 의미로 사용한다. 키르케고르도 경우에 따라서는 절망을 이런 의미로 사용한다. 예를 들어 어떤 사람이 기업을 운영하다 파산하여 회복 불가능한 상황에 처해 있을 때, 우리는 그가 절망적인 상태에 있다고 말한다. 그러나 키르케고르에 따르면, 이 사람이 기업을 잘 운영하여 성공을 거두고 자신의 삶에 만족해하고 의기양양해 있었을 때에도, 아니 바로 이때에야말로 그는 절망에 빠져 있다. 키르케고르는 이러한 상태야말로 진정한 의미의 절망이라고 말하고 있다.

이는 절망적 좌절감에 빠져 있는 사람은 세간적인 가치를 좇아 왔던 자신의 과거를 반성하면서 회심할 수 있는 가능성이 있지만, 세속적인 성공에 취해 있는 사람은 회심의 가능성이 없기 때문이다. 세속적인 성공에 의기양양해하는 사람은 절망적인 좌절감에는 빠져 있지 않지만 사실은 극도의 절망 상태에 있는 것이다. 세속적인 성공에 취해 있는 사람이야말로 극도의 절망에 빠져 있는 사람이라고 말할 때, 키르케고르는 절망이라는 말로 우리가 자신의 진정한 자아를 망각한 상태를 가리키고 있다. 진정한 자아를 망각하고 있다는 것은 무한성과 유한성을 종합하는 데 실패했다는 것을 의미한다.

그리고 절망적인 좌절감에 빠져 있는 사람뿐 아니라 거의 모든 사람이 진정한 자아를 찾지 못한 상태로 산다. 이 점에서 키르케고르는 절망은 소수만이 겪는 현상이 아니라 지극히 보편적인 현상이라고 본다.

흔히 사람들은 가지고 있던 재산을 송두리째 잃어버리거나 사랑하던 이성(異性)이 자신에게 결별을 고했기 때문에 절망적인 좌절감에 빠진다. 이 경우 사람들은 절망적인 좌절감에 빠진 자아는 자신이 소망하는 것을 갖지 못한 자아라고 생각하며, 자신의 진정한 자아란 자신이 소망하는 것을 갖고 있는 자아라고 생각한다. 예컨대 재산을 송두리째 잃고 절망하는 사람은 많은 재산을 소유했던 과거의 자신을 진정한 자아라고 생각하는 것이다. 그리고 그는 재산을 잃고 절망하여 자신의 삶도 끝났다고 생각하면서, 자신은 진정한 자아를 상실한 허깨비 같은 존재가 되었다고 생각한다.

그러나 키르케고르에 따르면, 우리가 흔히 진정한 자아라고 생각하는 자아는 진정한 자아가 아니다. 모든 재산을 잃고 파산하여 자포자기에 빠진 사람은 그렇게 재산을 잃기 훨씬 전에 그가 삶의 의미를 재산을 증식시키는 데서 찾았을 때, 이미 절망한 사람이었다. 많은 재산을 소유한 자아는 그의 진정한 자아가 아니기 때문이다. 그는 허구적인 자아로 존재하기를 원했고 그러한 허구적인 자아가 될 수만 있다면 행복할 것이라고 믿었지만, 이것이야말로 절망인 것이다. 그는 진정한 의미에서 자기 자신으로 존재하기를 바라지 않았고 자신의 진정한 자아를 찾으려 하지 않았기에, 아무리 돈을 많이 벌었다고 하더라도 사실은 이미 절망한 사람이다. 그가 결국에 모든 재산을 다 잃고 자포자기에 빠졌더라도, 그것은 원래 잠복해 있었던 절망이 드러난 것에 불과하다.

바로 이 점에서 육체의 병과 절망 사이의 차이가 있다. 의사가 한때 건강하다고 진단했던 사람이 병에 걸렸다고 해서 의사의 진단이 틀렸다고 할 수는 없다. 단지 지금 그 사람이 병에 걸렸을 뿐이다. 그러나 절망의 경우는 전혀 다르다. 어떤 사람이 절망에 빠지게 되자마자 그 사람이 원래부터 이미 절망하고 있었다는 사실도 드러나는 것이다.

키르케고르는 아름답고 사랑스럽기 그지없는 여성의 청춘조차도 사실은 절망일 뿐이라고 말한다. 젊은 여성들은 아름다움을 꽃피우면서 인생에 대한 기대와 행복에 차 있다. 그들은 종내에는 죽음으로 끝나는 인간의 삶에 대해서 반성하지 않고 그 삶에 직접적으로 빠져 있다. 아름답고 사랑스러운 젊은 여성이 느끼는 행복은 자각적인 정신에 입각한 것이 아닌 행운의 결과일 뿐인 것이다. 이러한 행복은 아무리 평화롭고 안전한 것으로 보일지라도 언제든 쉽게 무너질 수 있는 불안하기 짝이 없는 것이다. 따라서 청춘이 느끼는 행복의 가장 깊숙한 안쪽에도 절망이 깃들어 있다. 오히려 절망이 가장 즐겁게 둥지를 트는 장소가 바로 그런 행복의 한가운데이다.

키르케고르가 말하는 절망은 진정한 자아에 대한 망각이다. 진정한 자아란 영원성과 무한성을 시간성과 유한성 안에 구현한 자아이다. 그러나 우리는 대부분의 경우 영원성과 무한성을 망각하면서 재산과 명예와 같은 덧없고 유한한 것들에 집착한다. 이런 의미에서 절망은 인간이 자신의 정신적 본질을 망각하면서 영원한 차원을 소홀히 하게 되는 현상을 가리킨다.

그러나 인간은 아무리 벗어나려 해도 자신의 진정한 자아에게서 벗어날 수 없다. 인간은 자신이 고안해 낸 허구적인 자아, 예를 들어 '부자인 나'로 존재하기를 바라지만, 진정한 자아에서 벗어날 수 없다는 사태야말로 절망의 고뇌를 형성한다. 인간은 설령 '부자로서의 나'와 같은 허구적인 자아를 실현하더라도 그것에서 진정한 만족감을 느낄 수 없는 것이다.

이런 의미에서 진정한 자아에 대한 망각이라고 할 수 있는 절망은 자기 내부에 존재하는 영원한 진정한 자아를 완전히 망각하면서 삼켜 버릴 수 없다. 그 안에는 항상 불안과 불만이 깃들어 있는 것이다. 절망은 진정한 자아를 망각하면서 삼켜 버리려 하지만, 그것을 망각하고 삼켜 버릴 수 있는 힘을 갖고 있지는 않은 것이다. 육체가 육체의 병에 의해 삼켜져 버리는 일은 있어도, 영혼은 영혼의 병인 절망에 의해 완전히 삼켜지지 않는다. 진정한 자아는 항상 내면에 잠복해 있는 것이다.

그러나 '부자인 나'와 같은 허구적인 자아가 파산하여 절망적인 좌절감에 빠져 있는 사람에게는, 절망이 영원한 진정한 자아를 제거해 버릴 수 없다는 사실이 아무런 위안도 되지 않는다. 그는 여전히 허구적인 자아를 자신의 진정한 자아로 생각하면서 그 자아가 파산했다는 사실에 절망한다. 그는 재산을 상실했기에 자신이 절망적인 상황에 빠졌다고 생각하지만, 사실은 재산을 자신의 자아와 동일시했던 그 순간부터 이미 절망에 빠져 있었다. 그러나 그는 파산을 하고서도 이러한 사실을 깨닫지 못하고 있다. 그는 자신이 절망적인 좌절감에 빠지게 된 진정한 원인을 알지 못하고 있는 것이다.

인간이 영원한 것을 갈구하지 않는다면, 애초부터 인간은 유한한 것을 영원한 것으로 착각하면서 집착하지도 않을 것이다. 동물은 영원에 대한 관념이 없기 때문에, 유한한 것을 영원한 것으로 착각하지도 않는다. 동물은 순간의 배고픔을 충족시켜 주는 음식을 먹으면 그것으로 만족한다. 동물은 재산이 자신을 영원히 지켜 줄 것이라고 착각하면서 재산을 쌓아 두려고 하지 않는다. 이렇게 인간이 유한한 것을 영원한 것으로 착각하는 절망에 빠져 있다는 사실에서, 인간이 궁극적으로 희구하는 것은 진정한 의미의 영원한 것이라는 사실이 드러난다.

인간이 재산을 잃고 절망적인 좌절감에 빠질 때 그가 절망하는 이유는, 재산 자체가 사라졌기 때문이 아니라 재산이 지켜 준다고 생각했던 자신의 영원한 존재가 사라졌다고 생각하기 때문이다. 재산을 상실한 상황에서도 그가 실질적으로 염려하는 것은 자신의 영원한 존재이다. 그에게 동물처럼 영원에 대한 의식이 없다면 그는 절망하지도 않을 것이다. 만약 인간 안에 영원한 것이 존재하지 않았고, 유한한 것을 영원한 것으로 착각하여 그것에 빠지는 절망이 인간의 참된 자아를 삼켜 버릴 수 있었다면, 인간은 절망할 수도 없었을 것이고 절망할 필요도 없었을 것이다.

절망한 사람이 철저하게 자신의 자아를 상실하는 데 성공했다고 해도, 영원은 그의 상태가 절망이었다는 것을 반드시 드러내고야 만다. 왜냐하면 진정으로 자아를 갖는다는 것, 자기로 있다는 것은 인간에게 허락된 최대의 것이고 동시에 영원이 인간에게 요구하는 것이기 때문이다. 이처럼 키르케고르가 말하는 절망이 진정한 자아에 대한 망각을 의미한다면, 아직 절망적인 좌절감에 빠져 있지 않은 사람들이야말로 사실은 가장 절망적인 상태에 있을 수 있다. 따라서 어떤 사람이 절망적인 좌절감에 빠지는 것은 사실은 그 사람이 처음부터 절망하고 있었다는 사실이 밖으로 드러난 것에 불과하다.

이렇게 보면 절망은 드문 현상이 아니라 극히 보편적인 현상이다. 오히려 드문 것은 절망하지 않고 있는 인간이다. 완전히 건강한 사람은 한 사람도 없는 것과 마찬가지로 조금이라도 절망하지 않는 인간은 한 사람도 없다. 가장 깊은 내면에 동요·긴장·분열·불안 따위가 존재하지 않는 인간은 한 사람도 없는 것이다. 독실한 그리스도교 신자인 키르케고르에 따르면, 절망한 일이 없는 인간은 그리스도교 세계의 외부에는 한 사람도 산 적이 없었고 오늘날에도 살고 있지 않다. 그리고 그리스도교 세계 내부에도 진실한 그리스도교인을 빼면 존재하지 않는다. 완전한 그리스도교인이 되지 않는 한, 그리스도교 세계 안의 인간도 역시 절망하고 있는 것이다.

4. 죽음에 이르는 병으로서의 절망

유한성과 무한성, 육체와 영혼의 올바른 종합은 그것들을 원래는 조화로운 것으로 정립했던 신에 대해서 자아가 적합한 방식으로 관계할 경우에만 실현될 수 있다. 즉 자아는 자신의 유한성을 인정하면서 진정한 의미의 무한한 존재인 신 안에서 살려고 노력해야 한다. 우리가 신을 진정한 의미의 무한한 존재라고 말하는 것은, 인간은 자신이 생각하는 모든 가능성을 실현할 수 없는 반면에 신은 어떠한 가능성도 실현할 수 있기 때문이다. 자신의 유한성을 인정하면서 자각적으로 신 안에 근거할 경우에만 인간은 건강하게 살 수 있다. 따라서 신을 만나지 못하는 자는 자기를 갖지 못하며, 자기를 갖지 못한 자는 절망에 빠진다. 절망은 신이 인간에게 부여한 자유라는 능력을 잘못 사용한 것이다.

키르케고르는 요한복음서에 있는 라자로 이야기와 함께 『죽음에 이르는 병』의 본문을 시작하고 있다. 라자로가 겪고 있는 병은 육체적인 죽음에 이를 수 있는 병이다. 그러나 예수에게 육체적인 죽음은 진정한 의미의 죽음이 아니며, 육체의 죽음보다도 더 무서운 것은 죄, 즉 정신적인 죽음이다. 따라서 예수는 "이 병[라자로의 병]은 죽음에 이르는 병이 아니다"라고 말하고 있다. 더 나아가 예수는 라자로의 병에 대해서 "하나님의 영광을 위함이요, 하나님의 아들이 이로 말미암아 영광을 받게 하려 함이라"라고까지 말하고 있다.

우리가 보통 가장 두려워하는 것은 육체적인 죽음이지만,

경우에 따라서는 이러한 죽음이 우리에게 희망으로 다가올 때가 있다. 육체적이거나 정신적인 고통이 극에 달할 때, 우리는 차라리 죽기를 원하면서 죽음과 함께 고통이 끝나기를 바란다. 육체적인 죽음은 이때 차라리 안식으로 나타난다. 그러나 이러한 육체적인 죽음조차도 극복하지 못하는 것이 정신의 병과 거기에서 오는 고통이다. 정신은 불멸하기에, 정신의 병 자체가 치유되지 않고서는 정신은 계속해서 고통을 겪게 된다.

그리스도교인은 육체적인 죽음이 가장 무서운 것이 아니라는 사실을 알고 있기에 순교할 수도 있다. 따라서 키르케고르가 절망이 죽음에 이르는 병이라고 말할 경우의 죽음은 생물학적인 죽음이 아니라 정신의 죽음을 의미한다. 그리고 이러한 절망은 진정한 의미의 '죽음에 이르게 하는 병'이다.

절망으로 인해 사람이 육체적으로 죽지는 않지만, 절망의 고뇌는 인간이 죽을 수도 없다는 바로 그 점에 존재한다. 우리는 절망에 빠져 있을 때 아직 인생의 답을 찾지 못했기에 마음 편히 죽을 수 없다. 우리는 죽음과 함께 모든 것이 다 끝날 것이라고도 믿지 못하는 것이며, 죽음이라는 최후의 희망조차도 이룰 수 없을 만큼 모든 희망을 잃고 있는 것이다. 절망이라는 병의 경우, 죽음은 병의 종국이 아니라 오히려 끝남이 없는 종국이다. 죽음에 의해서 이 병에서 구제되는 것은 불가능하다. 따라서 죽음에 이르는 병은 죽고 싶어도 죽을 수 없으며 죽어 가면서도 죽을 수 없는 병이다. 죽음을 원하게 될 정도로 위험이 극에 이를 때 죽을 수조차 없다는 상황이 바로 절망이며, 이 최후의 의미의 절망이 죽음에 이르는 병이다.

그러나 우리가 병에 걸려 있다는 사실을 자각할 경우에 절망은 우리를 신앙으로 인도할 수도 있다. 이러한 자각은 우리 자신의 유한성에 대한 각성이며, 우리를 창조한 초월자로서의 신에게로 나아가는 신앙의 결단을 가능하게 한다. 절망은 이러한 결단 없이는 정신의 죽음에 이르는 병, 즉 죄로 남을 수밖에 없다. 절망은 정신의 병이기에 육체의 병처럼 생물학적 죽음을 통해서 사라지지 않는다. 그것은 정신 자체를 치유하는 신앙을 통해서만 극복될 수 있다.

키르케고르가 절망이란 현상을 다각도에서 심도 있게 분석하고 있는 『죽음에 이르는 병』이라는 책이 궁극적으로 목표하고 있는 것은 사람들이 자신이 절망 속에 있다는 사실, 다시 말하면 죄인이라는 사실을 깨닫게 하면서 그리스도교에서 치유를 받도록 교화시키려는 데에 있다.

5. 절망의 모든 형태

절망의 모든 형태는 자아를 구성하는 계기들인 무한성과 유한성, 가능성과 필연성을 반성함으로써 추상적으로 발견될 수 있다. 절망은 앞에서 언급한 것처럼 무한성과 유한성, 가능성과 필연성을 종합하는 데 실패하는 것이다. 이에 따라서 절망은 무한성을 결여한 유한성의 절망, 유한성을 결여한 무한성의 절망, 가능성을 결여한 필연성의 절망, 필연성을 결여한 가능성의 절망으로 나뉠 수 있다.

더 나아가 키르케고르는 절망은 무엇보다도 그것이 의식되어 있느냐 아니냐에 따라서 고찰되어야 한다고 보고 있다. 절망을 의식하고 있는지 의식하지 못하고 있는지가 절망의 유형들 사이의 질적인 차이를 형성한다. 이와 관련하여 키르케고르는 절망을 비본래적인 절망과 본래적인 절망으로 나누고 있다. 비본래적인 절망은, 절망에 빠져 있으면서도 자신이 절망하고 있다는 것을 알지 못하는 절망이다. 이에 반해 본래적인 절망은 자신이 절망하고 있다는 것을 깨닫고 있는 절망이다. 비본래적인 절망은 부와 명예를 좇으면서도 자신이 죽음에 직면하고 있다는 사실을 깨닫지 못하는 상태이다. 본래적인 절망은 이렇게 세간의 삶을 살았던 인간이 그러한 삶의 허망함을 깨달았지만, 그것에서 벗어날 방도를 알지 못할 때 갖게 되는 절망이다. 이러한 본래적인 절망에는 '절망하여 자기 자신으로 존재하지 않으려는 절망'과 '절망하여 자기 자신으로 존재하려고 하는 절망'이 있다.

키르케고르는 인간의 자기의식이 강화됨에 따라서 절망의 정도도 달라진다고 본다. 자기의식이 발달하지 못하여 아직 천진난만한 직접성의 상태에 있을 때, 인간은 자신이 절망 상태에 있다는 것조차 알지 못하는 최저의 절망 상태에 존재한다. 이 경우 천진난만한 직접성의 상태란 부나 명예와 같은 세간적인 가치들의 허망함을 깨닫지 못하고 그것들을 좇는데 빠져 있는 상태를 가리킨다.

이에 반해 자기의식이 심화되고 인간이 자신에게서 영원한 것을 감지하게 될수록, 절망의 정도도 증가한다. 우리는 사업이 망한다거나 등의 우연한 계기로 자신이 좇던 세간적인 가치들의 허망함을 깨닫게 될 수 있다. 그러나 다시 사업이 회복되고 형편이 좋아지면 다시 세간의 삶으로 돌아가 버린다. 우리는 여전히 세간의 가치들에 의지하여 자신의 삶을 공고하게 만들려고 하는 것이다. 이러한 상태를 키르케고르는 '절망하여 자기 자신으로 존재하지 않으려는 절망'이라고 부르고 있다.

이에 반해 자기의식이 심화하고 자신의 정신적 무한성에 눈을 떴지만, 신이 아닌 자기 자신의 힘으로 그러한 무한성을 실현하려고 할 때 우리는 '절망하여 자기 자신으로 존재하려고 하는 절망'에 빠지게 된다. 키르케고르는 이러한 절망 중 최고의 절망을 신에 대해서 반항하는 악마적인 절망이라고 부르고 있다. 이러한 악마적인 절망에 사로잡혀 있는 인간은 자신의 유한성을 인정하면서도 신에게 귀의하지 않고 오히려 신을 원망한다. 그는 신이 세상을 형편없이 창조했다고, 즉 세상을 악과 고통 그리고 고난으로 가득 찬 세상으로 창조했다고 비난한다. 그는 자신 같으면 세상을 훨씬 아름답게 창조했을 것이라고 신에게 항의한다.

1) 절망에 대한 의식 여부를 고려하지 않고 고찰되는 경우의 절망. 따라서 여기서는 종합의 모든 계기만이 문제가 된다

(1) 유한성과 무한성이라는 규정 아래서 고찰할 경우의 절망

이 장은 "절망의 형태들은 종합으로서의 자기를 구성하는 요소들을 반성함으로써 추상적으로 파악될 수 있다"라는 말과 함께 시작한다. 자기는 무한성과 유한성의 의식적인 종합이며, 자아의 과제는 이렇게 무한성과 유한성을 종합하여 자기 자신이 되는 데에 있다. 인간이 의식적으로 무한성과 유한성을 관계시키고 종합하려는 의지를 가질 때에 비로소 '자기'에 대한 의식이 강해진다. 그리고 그러한 종합을 성취한 자기가 '본래적인 자기' 또는 '참된 자기'이다.

참된 자기가 된다는 것은 구체적으로 된다는 것이다. 구체적으로 된다는 것은 유한하게 되는 것만도 아니고 무한하게 되는 것만도 아니다. 왜냐하면 구체적으로 된다고 하는 것은 하나의 종합이기 때문이다. 키르케고르는 현실에 뿌리를 두지 않고 막연히 추상적인 가능성만을 추구하는 것은 공허한

삶이라고 본다. 진정한 삶, 본래적인 삶은 무한성을 지향하되 필연성과 유한성에 구속된 자기 자신을 직시하고 인정하면서 유한성 속에 무한성을 실현하는 삶이다. 보다 구체적으로 말해서 진정한 삶, 본래적인 삶은 신의 무한하고 무조건적인 사랑을 경험함으로써 무한성으로 고양되는 동시에 그러한 사랑을 유한한 삶 속에서 실현하는 삶이다.

절망의 형태들은 종합으로서의 자기를 구성하는 요소들인 무한성과 유한성, 가능성과 필연성이 서로 종합되지 못하고 분리되어 있는 상태를 가리킨다. 따라서 키르케고르는 절망의 여러 형태를 분석할 때, 종합으로서의 자기가 아직 실현되지 못한 상태에서 어떤 계기가 주도적인 지위를 갖는지에 초점을 맞춘다. 이에 따라 무한성의 절망과 유한성의 절망, 가능성의 절망과 필연성의 절망이 있게 된다.

무한성과 유한성은 완전히 모순적인 성격을 갖기 때문에 양자를 종합하는 것은 자연스럽게 일어나는 일이 아니다. 양자를 종합하기 위해서는 정신의 적극성이 요구된다. 이 때문에 키르케고르는 '이러한 종합은 하나의 관계'라고 설명한다. '관계'라는 말로 키르케고르는 유한성과 무한성을 종합하기 위해서는 적극적인 노력이 필요하다는 점을 강조하고 있다. 정신은 유한성과 무한성을 관계시키기 위해서 노력해야 한다는 것이다.

물론 대다수 인간은 이러한 종합을 구현하기 위해 노력하지 않는다. 왜냐하면 인간은 대체로 세간의 삶에 빠져 군중의 일원으로 살기 때문이다. 이는 인간이 일차적으로 사회적인 관계에 의해 규정되는 유한한 존재이기 때문이다. 그렇지만 인간은 동물과 달리 자신에게 주어진 사회적 환경과 제약의 구속을 넘어설 가능성을 가진 존재이다.

유한성의 한계를 넘어서기 위해서 우리는 무엇보다도 자신에게 주어진 유한한 존재를 문제 삼아야만 한다. 이렇게 인간이 자신의 유한한 존재를 문제 삼기 위해서는 무엇보다도 자신의 삶이 죽음으로 끝나는 유한한 삶이라는 사실을 깨달아야 한다. 그러나 이는 단순히 자신의 삶이 언젠가는 죽음으로 끝난다는 사실을 머리로 인식하는 것이 아니다. 그것은 자신이 어떻게 살아야 할지 진지하게 고뇌하는 것이다. 어린애들도 인간이 언젠가는 죽는다는 사실을 알지만, 그렇다고 해서 자신의 유한한 존재를 문제 삼으면서 내가 어떻게 살 것인지를 고뇌하지는 않는다. 인간이 자신의 유한한 존재를 진정으로 문제 삼는 것은 자신의 유한한 삶에 대해서 불안과 공허감을 느끼는 방식으로 일어난다.

자신의 유한한 존재가 절망적인 상태에 있다는 사실을 불안과 공허감을 통해서 자각하게 될 때, 인간은 죽음으로 끝나는 삶을 뛰어넘는 가능성을 구상하고 지향할 수 있다. 자신이 죄인이라는 사실을 아는 자가 선인이 될 수 있는 것처럼, 자신이 절망적인 상태에 있다는 사실을 아는 자만이 절망을 초극할 수 있다. 이렇게 자신의 유한한 절망적 상태를 극복하려는 의지가 있는 자는, 자신에 대해 더욱더 강한 의식을 갖게된다. 다시 말해 그는 세간적인 가치에 사로잡혀 있는 상태에서 벗어나 자신이 어떻게 살아야 할지에 대해서 고뇌하는 것이다.

ㄱ. 무한성의 절망

절망의 첫 번째 형태는 인간이 갖는 유한성을 무시하고 무한성으로 도피하는 것이다. 인간은 시간적으로 유한한 삶을 살 수밖에 없으며 자신이 조성하지 않은 필연적인 상황에 내던져져 있는 존재이다. 그러나 인간은 자주 이러한 사실을 무시하면서 상상이 만들어 낸 기만적인 무한성과 가능성에서 구원을 찾으려 한다. 이런 의미에서 무한성의 절망은 추상적이고 공허한 무한성에 탐닉하면서 유한한 현실을 무시하는 삶의 태도를 가리킨다.

키르케고르는 무한한 것을 생각하면서 추구할 수 있는 능력을 '상상력'이라고 부른다. 이 점에서 상상은 '무한화의 매체'이다. 인간은 상상이라는 무한하게 만드는 매체를 통해 감정, 인식, 의지를 공상적인 것으로 만들 수 있다. 이런 의미에서 무한성의 절망은 '공상적인 것'에 빠지면서 그것으로 도피하는 절망이다.

공상적인 상상력은 인간으로 하여금 현실의 유한한 자기를 잊어버리게 하면서 공상적인 무한성에 빠지게 한다. 이러한 사실을 키르케고르는 공상적인 상상이 인간으로 하여금 '자기 자신으로부터 멀어져 가게 할 뿐 자기 자신으로 귀환하는 것을 방해한다'라고 말하고 있다. 키르케고르는 공상적인 상상력이 이렇게 인간으로 하여금 유한한 자기를 망각하게 하면서 기만적인 무한한 가능성으로 이끄는 것을 감정과 인식 그리고 의지 각각과 관련하여 고찰하고 있다.

감정이 공상적인 것이 되면 그것은 일종의 추상적인 감상성(感傷性)에 빠져 버리게 된다. 이 경우 우리는 추상적인 인류나 민중을 열렬하게 사랑한다고 생각하면서도, 자신이 직접 마주하고 있는 현실적인 개개의 인간에 대해서는 아무런 애정도 느끼지 못한다. 예를 들어 자신을 나라의 독립이나 정의 또는 민주주의를 위해서 헌신하는 자라고 여기지만 자신과 가장 가까이에 있는 아내나 자식에게 폭력을 행사하는 사람을 생각해 볼 수가 있다. 이 경우 그는 자신이 인류 전체나 민족 또는 민중을 사랑하는 고상한 인간이라고 착각하면서 실질적으로는 자신을 상실하고 있는 것이다. 그에게 남아 있는 것은 자신은 고상한 사람이라는 착각과 환상뿐이다. 따라서 감정이 공상적인 것이 되면, 자기는 더욱더 사라져 갈 뿐이고 비인간적인 것이 되며 어떤 인간에게도 속하지 않게 된다.

인식도 공상적인 것이 되면, 그것이 증가되고 보다 치밀하게 전개될수록 비인간적인 성격을 띠게 된다. 그리고 그러한 인식을 획득하기 위해서 인간의 자아가 낭비된다. 그러한 인식은 인간에게 세계와 인간의 수수께끼에 대한 해답을 제시하는 것 같지만 실질적으로는 인간을 공허 속에 남겨 둔다. 그것은 마치 피라미드를 건설하기 위하여 인간이 낭비된 것과 같다.

키르케고르는 절대정신의 입장에서 세계를 인식하려고 하면서 자연과 역사에 대해서 장대한 지적 체계를 수립한 헤겔의 철학이 공상적인 인식에 빠져서 자신을 상실하게 된 대표적인 예라고 본다. 키르케고르는 헤겔이 상상 속에서는 궁전에서 살지만, 실제로는 개집에서 살고 있다고 본다. 헤겔은 자신이 우주의 비밀을 다 풀었다고 생각하지만, 사실은 죽음 앞에서 불안해하고 고독과 무력감에 시달린다는 것이다.

의지가 공상적인 것이 되는 때에도 자아는 희박해진다. 의지가 공상적인 것이 될 경우, 의지의 구체성과 추상성의 정도는 일치하지 않게 된다. 즉 우리는 기획과 결의는 그럴듯하게 하지만 그러한 기획을 구현하기 위해서 실질적으로 필요한 작은 일들은 소홀히 하고 무시하게 된다. 이 경우 우리는 자신이 거창한 이상과 포부를 가지고 있다고 생각하지만, 실제의 삶은 다른 사람들의 삶과 마찬가지로 소소한 일들에 얽매여 있을 뿐이다.

이렇게 추상적이고 공상적인 무한성 속에서 사는 사람들은 상상 속에서만 자신이 무한한 존재가 되었다고 착각하면서 자기만족에 빠져 있다. 그러나 이런 사람이 인생에서 자그마한 곤경에라도 부딪히면 상상적인 자기만족의 상태는 사라지고 번민이 그 자리를 채우게 된다. 감정과 인식 그리고 의지가 공상적인 것이 됨에 따라서 자아 전체가 공상적인 것이 된다. 자아는 추상적인 무한성에 빠져 공상적인 생존을 영위하면서 자신을 상실한다.

키르케고르는 신에 대한 믿음도 이러한 공상적인 형태를 띨 수 있다고 본다. 이 경우 사람들은 자신이 신을 경험했다고 생각하면서 자신이 무한하게 되었다는 도취에 빠지지만 정작 실제적인 삶에서 신의 사랑을 실천하지는 않는다. 그는 공상 속에서 신과 사랑을 나누면서 도취에 빠져 있지만, 도취에서 깨어나면 자신의 이웃들을 사랑하지 않고 여전히 속물적인 이기적 삶을 산다. 이런 사람은 신과 하나가 되었다고 자랑하지만 누가 조금이라도 자신을 모욕하면 즉시 화를 낸다.

키르케고르는 무한성과 유한성의 종합을 말하지만, 무한

한 신과 유한한 인간 사이에는 넘어설 수 없는 거리가 있다는 것을 인정한다. 인간은 이기적인 자기를 벗어나기 힘들며 항상 죄인으로서 존재한다. 따라서 인간은 항상 신 앞에서 죄인임을 고백하면서 용서받아야 한다. 이렇게 신의 무한성 앞에서 자신의 유한성과 이기성을 항상 자각하고 고백하는 자만이 신의 은총을 경험할 수 있다.

이때 그는 자신의 유한성 안에 무한성이 깃드는 것을 경험하지만, 자신이 신이 되었다고 생각하지는 않는다. 그는 자신이 신의 은총을 받았다고 생각할 뿐이다. 그리고 그는 이러한 은총이 언제라도 떠나갈 수 있는 것임을 알고 있다. 그는 이러한 신의 은총이 자신 안에 깃들게 하기 위해서는 매순간 자신의 유한성과 이기성을 자각하고 참회해야만 한다는 사실을 알고 있다. 오직 이런 자만이 일상에서 자신의 이기성을 넘어서서 참된 사랑을 실천할 수 있다.

아무리 작은 가능성이라도 그것이 현실적인 것이 되려면 어느 정도의 시간이 필요하다. 그러나 감정과 인식 그리고 의지가 공상적인 것이 될 경우에는, 현실성을 위해서 소비하는 시간이 점점 짧아져 간다. 사람들은 이 경우 '어떤 사람이 비

현실적이 되었다'라는 식으로 말한다. 그러나 자세히 살펴보면 그가 결여한 것은 필연성을 인정하는 자세이다. 이런 사람들이 결여한 것은 가능성을 실현하는 힘이 아니라, 오히려 자기 자신의 한계라고 부를 수 있는 것에 머리를 숙이면서 자신이 필연성에 의해서 규정된 존재라는 사실을 자각하는 것이다.

키르케고르는 공상은 상상력에서 비롯된다고 말하고 있지만, 그렇다고 해서 키르케고르가 상상력을 부정적인 것으로 보는 것만은 아니다. 공상은 상상력과 매우 밀접하게 연관되어 있기는 하지만, 공상적인 것과 상상력이 같은 것은 아니기 때문이다. 상상력을 갖고 있기에 우리 인간은 무한한 것, 가능한 것을 상상하면서 유한성을 넘어설 수 있다. 그러나 상상력이 유한성을 무시하고 공허하고 추상적인 무한한 것만을 향하게 될 때, 상상은 공상이 된다. 키르케고르는 이렇게 공상에 빠지는 상상력은 비판하지만, 유한성에 뿌리를 두고 있는 무한성을 지향하는 상상력은 긍정적으로 본다.

키르케고르가 언급하고 있지는 않지만, 내가 생각하기에 무한성의 절망의 가장 결정적인 예는 이원론적인 성격을 갖는 그리스도교와 서양 형이상학이다. 이원론은 인간을 육체와 영혼으로 구성된 것으로 보면서 육체를 유한하고 무상한 것으로 보는 반면에, 영혼은 무한하고 영원한 것으로 본다. 언뜻 보기에 이러한 이원론적인 인간관은 키르케고르의 인간관과 동일한 것처럼 보인다. 그러나 그것은 육체와 영혼의 종합은 불가능하며 오히려 육체와 영혼은 철저하게 분리되어야 한다고 보는 점에서, 키르케고르의 인간관과는 전적으로 다르다. 이원론은 인간의 유한성과 필연성을 가상적인 것으로 폄하하고 무한성만을 참된 현실로 인정하면서, 유한성에서 등을 돌려 무한성으로 도피하려고 한다.

이원론은 육체는 가상이며 죄로 가득 찬 것이라고 보는 반면에, 영혼은 진정한 실재이며 순수하고 선한 것이라고 본다. 이와 함께 이원론은 육체적인 욕망과 감각적인 충동을 비본질적이고 타락한 것으로 간주하면서 영혼이 이러한 욕망과 충동에 물들지 않도록 경고한다. 더 나아가 이원론은 인간뿐 아니라 세계도 생성하는 세계와 영원불변의 세계로 나누면서, 생성 변화하는 현실을 가상이나 타락한 세계로 보고 영원불변의 세계를 진정한 세계로 간주한다.

이러한 이원론적인 입장을 우리는 플라톤주의와 그리스도교에서 찾아볼 수 있다. 이러한 이원론에서 죽음은 영혼이 육체의 속박에서 벗어나는 사건으로 해석되며, 현세에서의 삶은 피안으로 가기 위한 과도적인 것이라는 의미밖에 갖지 못한다. 이원론에 사로잡힐 때 우리는 육체와 결부된 욕망을 억압하고 금하게 될 수밖에 없다. 우리는 영혼을 순수하게 유지하기 위해 우리 몸을 억압하며, 영원한 행복을 얻기 위해 찰나의 쾌락을 희생하게 되는 것이다. 결국 이원론은 금욕주의로 귀착되는 것이다.

그러나 우리가 육체적인 욕망에서 완전히 벗어나기 힘든 한, 우리는 죄의식에 시달리게 된다. 따라서 금욕주의는 영혼이 육체와 지속적으로 전쟁을 벌이게 하면서, 감각적인 욕망의 유혹에서 벗어나지 못하는 영혼을 죄책감에 시달리게 하고 자학하게 만든다. 영혼은 육체를 감시하고 학대할 뿐 아니라, 자신이 육체적인 욕망에 빠질까 두려워하면서, 자기 자신도 감시하고 학대한다. 이와 함께 영혼과 육체가 분열될 뿐 아니라, 영혼 자체가 감시하고 책망하는 자와 감시받고 책망받는 자로 분열된다. 이원론에 입각한 금욕주의는 일종의 정신분열증을 낳는 것이다. 니체가 플라톤 이래의 서양 형이상학과 종교의 역사를 이원론적인 것으로 보면서 비판한 것도 그러한 이원론이 정신분열을 초래하면서 인간을 병적으로 만들었다고 보았기 때문이다.

이러한 이원론에는 영혼과 화해한 육체라는 관념이 불가능하다. 그것은 상대방의 영혼까지도 사랑하는 성적인 욕망을 불가능한 것으로 간주하기 때문에, 모든 성적인 욕망을 음란한 것으로 치부한다. 아울러 그것은 이 지상의 사물들이 변화와 소멸 속에서도 영원한 성스러움을 가질 수 있다는 것을 인정하지 않기 때문에, 지상의 것에 대한 모든 사랑을 허망한 것으로밖에 여기지 않는다.

이원론이 갖는 위와 같은 맹점들에도 불구하고 그것이 지금까지 명맥을 유지할 수 있었던 것은, 그것이 사람들에게 영원불변한 천상의 세계에 대한 희망과 기대를 안겨 주었기 때문이다. 사람들은 그러한 영원불변의 세계에 대한 희망을 품고서, 지상에서 겪는 고통과 불안 그리고 무상함을 견뎌 낼 수 있었던 것이다. 그러나 이렇게 이원론에 의지하면서 사람들이 희망과 위안을 얻게 된 대신에, 삶은 병적인 것이 되었다.

영혼과 육체, 그리고 영원한 피안과 변화무쌍한 차안이라는 대립구도는 근대에 들어와서는 사람들을 사로잡는 힘을 상실했다. 그 대신에 근대에는 새로운 이원론이 득세하게 된다. 새로운 이원론은 진정한 자아로서의 집단정신과 거짓된 자아로서의 개개인의 이기적인 정신을 서로 대립하는 것으로 본다. 또한 그것은 유토피아가 실현되는 미래와 고통과 소외로 가득 찬 현실로서의 현재를 서로 대립하는 것으로 본다.

당시 사람들은 진정한 자아를 독일 민족이나 민중 혹은 프롤레타리아의 집단정신에서 찾으며, 구체적인 개개인은 그러한 정신을 실현하기 위해서 자신을 바쳐야 한다고 보았다. 그리고 이러한 집단정신이 실현되는 장소는 미래의 유토피아이기에, 현재의 삶은 그러한 유토피아로 가기 위한 과도적인 의미밖에 갖지 못한다고 보았다. 따라서 근대의 새로운 이원론에서 개개인의 삶과 죽음은, 어디까지나 집단정신을 실현하고 유토피아를 구현하는 데 기여하는 것으로서만 의미를 갖는다.

육체와 영혼 그리고 피안과 차안의 이원론이 전통적인 종교를 특징짓는다면, 집단정신과 개개인의 이기적인 정신을 서로 대립시키고 유토피아적인 미래와 고통에 가득 찬 현재를 대립시키는 이원론은 근대의 세속종교들, 즉 나치즘이나 마르크스주의와 같은 정치적 이데올로기들을 특징짓는다. 사람들은 독일 민족이나 프롤레타리아와 같은 특정한 계급 또는 그러한 집단의 순수한 정신을 가장 잘 구현한 자들로 간주되는 히틀러나 스탈린 같은 자들을 신적인 존재자로 추앙하면서 그들에게 자신의 삶을 바침으로써, 자신의 유한성에서 벗어나려고 한다. 이러한 특정한 집단이나 지도자들은 보통 보편적이고 영원한 가치를 구현한 자들로 인정받기 때문에, 사람들은 이들을 위해서 자신을 헌신하면서 자신의 유한성을 극복하고 무한성과 영원성을 얻는 것으로 느끼는 것이다.

전통적인 이원론적 종교를 특징짓던 순수한 정신적 의무와 육체적인 욕망의 이원론적인 대립은, 근대의 세속종교에서는 집단의 의무와 이기적 욕망 사이의 대립으로 나타난다. 이원론적인 입장은 육체적 욕망이나 이기적 욕망을 극복하려고 한다는 점에서, 유한성과 필연성에 무반성적으로 빠지지 않으려고 한다고 할 수 있다. 이 점에서 그것은 인간의 유한성을 자각하지 못하고 세간적인 안락을 추구하는 속물성보다는 더 반성적이고 정신적인 성격을 갖는다.

이원론에 사로잡힌 사람들은 '인간은 죽는다'는 사실을 부나 명예와 같은 세간적인 가치들에 빠져 있는 속물적인 인간들보다 더 분명히 의식하고 있다. 따라서 그들은 자신의 본질을 영원불변의 영혼이나 순수한 집단정신에서 찾음으로써 자신의 죽음과 유한성을 뛰어넘으려 한다. 따라서 이들은 세속적인 안락에 사로잡혀 있는 사람들보다는 죽음에 대해서 초연하고 영웅적인 태도를 보일 수 있다. 이들은 자신들의 종교를 위해서 또는 자신이 섬기는 집단과 지도자를 위해서 자신의 목숨을 거리낌 없이 내놓을 수 있다.

이원론은 육체에 대해서 정신의 순수성을 내세우면서 육체를 억압하고 불완전한 현실에 대해서 피안이나 유토피아를 내세우기 때문에 무척 강한 정신에서 비롯된 것처럼 보인다. 그러나 그것은 사실은 자신의 육체와 현실을 긍정할 수 있는 힘을 갖고 있지 않은 연약한 정신에서 비롯된 것이다. 이렇게 연약한 정신은 우리가 육체를 통해서 뿌리내리고 있는 삶의 현실, 즉 온갖 고통과 고난으로 점철되어 있는 현실을 감싸안고 긍정할 수 있는 힘을 결여하고 있기 때문에 그러한 고통과 고난이 사라진 피안이나 유토피아를 희구한다.

이원론은 죽음에서 가장 극명하게 나타나는 인간의 유한성을 공상적인 무한성에 의지하여 부정하려는 절망적인 시도이다. 이원론을 신봉하는 사람들에게 결핍되어 있는 것은 자신 속의 필연성, 즉 자신의 한계라는 것에 복종하는 힘이며, 필연성과 유한성 속에 자신의 가능성과 무한성을 구현하는 것이다.

이원론적인 입장은 육체적 욕망이나 이기적 욕망을 극복하려고 한다는 점에서 인간의 유한성을 자각하지 못하고 세간적인 안락을 추구하는 속물성보다는 더 반성적이고 정신적인 성격을 갖는다. 이원론에 사로잡힌 사람들은 인간이 죽는다는 사실을 부나 명예와 같은 세간적인 가치들에 빠져 있는 속물적인 인간들보다 더 분명히 의식하고 있는 것이다. 따라서 그들은 자신의 본질을 영원불변의 영혼에서 찾음으로써 자신의 죽음과 유한성을 뛰어넘으려 한다. 이원론에 사로잡힌 사람들이 보이는 이러한 병적인 성격을 우리는 정신분열증이라고 볼 수 있다. 정신분열증은 인간의 유한성을 부정하려는 절망적인 시도이다.

키르케고르는 육체와 정신을 구별하면서도 이원론과는 달리 육체를 죄와 악의 원천으로 보지 않는다. 이원론은 육체적인 욕망을 느끼고 그것을 충족하려고 하는 것은 정신이 아니고 육체이기 때문에 정신은 악에 대해서 책임이 없다고 보았다. 이에 반해 키르케고르에게 인간의 육체는 결코 자연적인 것이 아니다. 인간의 육체는 정신이 무한성과 가능성의 차원을 자각하는 것과 함께 성적(性的)인 육체로서 정립된다. 따라서 그것은 정신에 의해서 규정되어 있다.

인간은 동물과 달리 정신을 갖게 됨으로써 자신의 육체를 의식하게 된다. 정신은 본질적으로 무한하지만 육체는 유한하기 때문에, 인간이 육체를 의식한다는 것은 자신의 유한성을 의식한다는 것이다. 그런데 육체의 극단은 성(Sexualität)이다. 따라서 육체를 의식한다는 것은 자신을 남성이나 여성으로서 의식하면서 성적인 차이를 의식한다는 것이며, 이성(異性)에 대해서 집요한 관심을 갖는다는 것을 의미한다.

사람들은 보통 성적인 차이와 이성에 대한 이러한 집요한 관심의 기원을 본능적인 성욕에서 찾는다. 그러나 동물도 성욕을 갖지만 그들은 발정기를 제외하고는 성적인 차이와 이성에 대해 관심을 갖지 않는다. 키르케고르는 인간에게만 고유한 '성적인 차이와 이성에 대한 집요한 관심'의 기원을, 성욕과 같은 본능적인 차원에서가 아니라 오히려 인간이 무한한 정신을 가지고 있다는 데서 찾는다. 인간은 유한성을 초월한 무한한 차원에 대한 의식을 갖고 있기에, 자신의 유한성과 유한성의 극단인 성도 의식할 수 있는 것이다.

육체가 유한한 것이고 육체의 극단이 성일 경우, 성은 인간의 유한성을 상징하는 극단적인 징표이다. 그리고 성에 대한 의식이란 자신의 유한성에 대해서 인간이 갖는 극단적인 자각이다. 그런데 유한성에 대한 자각은 무한성을 의식할 경우에만 가능하다. 즉 인간이 정신일 경우에만 가능하다. 따라서 정신은 육체에 대해서 책임을 지지 않으면 안 된다. 그러므로 우리가 육체적인 욕망에 탐닉한다면, 그 책임은 육체에 있는 것이 아니라 정신에 있는 것이다.

키르케고르처럼 인간이 육체적인 욕망에 탐닉하게 되는 원인을 육체가 아니라 정신에서 찾을 경우에는, 육체와 정신을 대립적인 것으로 보지 않고 양자를 종합할 수 있는 가능성이 열리게 된다. 육체 자체가 악이라면, 무한성과 영원성이라는 선한 가치를 추구하는 정신이 육체와 결합할 가망성은 없게 된다. 그 경우 정신에게는 육체를 단죄하면서 육체적인 욕망을 제거하려고 하는 길밖에 존재하지 않는 것이다. 그러나 육체적인 욕망에 탐닉하는 것이 정신의 책임이라면, 정신은 자신을 반성하면서 육체적인 욕망에 탐닉하는 상태에서 벗어날 수 있다. 더 나아가 정신은 육체와 그것이 뿌리박고 있는 현실을 자신이 지향하는 무한성과 영원성을 실현하는 매체이자 장으로 삼을 수 있다. 정신은 진정으로 무한한 존재인 신에 헌신함으로써 성에 대한 집요한 관심에서 벗어날 수 있다. 그리고 이를 통해 자신의 진정한 자아를 획득할 수 있다.

ㄴ. 유한성의 절망: 속물적인 삶의 방식

절망의 첫 번째 형태가 유한성을 무시하고 무한성으로 도피하는 것이라면, 절망의 두 번째 형태는 유한성만을 절대시하고 무한성을 도외시하는 것이다. 이러한 무한성의 결핍은 무엇보다도 세간적인 가치에 대한 영합으로 나타난다. 돈이나 명예와 같은 세간적인 것들만큼 허망한 것도 없지만, 세상에서는 이러한 세간적인 것들만이 가치 있는 것으로 간주된다. 키르케고르에 따르면, 대수롭지 않은 것들에 무한한 가치를 부여하는 것이 세상인 것이다.

덧없는 세간적인 가치들에 빠져 있는 상태는 인간이 자신의 근원성을 빼앗겨 버린 상태이며 정신적인 의미에서 거세당한 상태이다. 이 경우 인간은 자신의 자아를 익명의 타인들 또는 대중에게 빼앗기게 된다. 사람들은 자신의 주위에 있는 익명의 세상 사람들로부터 자신이 무슨 생각을 해야 하고 어떤 행동을 해야 하는지에 대해 지시받으면서 자신을 망각하고, 집단 속에서 하나의 단위와 숫자가 된다.

사람들은 이렇게 세상에 영합함으로써 세속적인 성공을 거둘지도 모르지만, 자신의 무한하고 영원한 가능성에서 등을 돌린다. 사람들이 관심을 쏟는 것은 세상에서 성공을 거둠으로써 뭇사람들의 인정과 찬탄을 받는 것뿐이다. 이 점에서 우리는 이런 사람들을 속물이라고 부를 수 있을 것이지만, 키르케고르는 유한성의 절망을 '절망적인 고루함과 편협함'이라고 부르고 있다. 이러한 고루함과 편협함에 사로잡힌 상태에서 인간은 철저하게 유한한 존재가 된다. 그는 자기 자신으로 있는 대신 하나의 숫자, 하나의 인간이라는 진부한 존재가 되면서 자신을 상실한다.

　무한성의 절망은 공상적인 것으로 도피하는 방식으로 자신을 무한하게 만들면서 자기를 상실한다. 이에 반해 유한성의 절망은 속물적인 관점 속에 자신을 가두는 방식으로 자신을 유한하게 만들면서 자기를 상실한다. 절망은 진정한 자기의 상실을 의미하기에 세간적인 가치를 탐닉하는 속물적인 인간이야말로 절망에 빠진 사람이다. 그러나 속물적인 인간은 이러한 사실을 전혀 알지 못한다. 세간의 관점에서 볼 때 모든 면에서 성공한 사람은 자신이 절망에 빠져 있다고 생각하지 않고 오히려 자신이야말로 성공적으로 살고 있다고 자부한다.

　속물적인 인간은 세간에서 성공을 거둘 수 있는 지적인 능력은 풍부하게 가지고 있을지 모르지만, 탄생에서 죽음으로 끝나는 삶의 전체를 반성하는 정신의 능력은 그에게서 아직 일깨워지지 않고 있다. 이런 의미에서 속물적인 삶은 무정신성(無精神性)에 의해서 규정되어 있다. 속물적인 인간은 자신의 근본적인 유한성에 대해서도, 진정한 가능성과 무한성에 대해서도 관심이 없기에 자기만족적인 무정신성에 빠져 있는 것이다. 속물적인 인간도 육체와 영혼 그리고 정신으로 이루어져 있지만, 그는 영혼과 정신은 망각하고 육체로서만 살 뿐이며, 정신을 육체의 욕망을 실현하기 위한 지적인 도구로만 사용할 뿐이다. 정신이 육체의 노예가 되고 있는 것이다.

이런 사람은 최고급차를 전속력으로 몰거나 갖가지 최첨단 물품들을 사용하면서 자신을 삶의 주체라고 생각하지만, 사실은 속물적인 문화에 의해서 지배되고 있고 그것의 노예가 된 사람이다. 속물적인 인간은 모든 가능성을 자기 뜻대로 실현할 수 있는 것처럼 믿고 있지만, 실질적으로는 유한한 것들에 집착하면서 자기 자신도 유한하고 허망한 것으로 만들고 있을 뿐이다. 그는 실질적으로는 무정신성(無精神性)의 노예가 되어 가장 가련한 존재로 살고 있다.

속물적인 인간은 세간적인 가치를 추구하는 것에 몰두하면서 자신이 죽는다는 사실을 망각한다. 그는 죽음과 함께 자신이 애지중지하는 세간적인 가치들도 무의미해진다는 사실을 보지 못하는 것이다. 물론 그도 '사람들은 죽는다'라는 사실은 인정하지만, '자신'이 죽는다는 사실에는 애써 눈을 감는다. 이와 함께 그는 자신의 근본적인 유한성을 망각한다.

그는 유한성 속에 살면서도 자신의 삶이 영원히 계속될 것처럼 생각하는 것이다. 이렇게 유한성 속에서 살면서도 자신의 유한성을 깨닫지 못하는 삶은, 유한성에서 벗어날 필요를 느끼지도 못하는 삶이기에 유한성에 완전히 빠져 있는 삶이라고 할 수 있다. 그는 참된 자아와 무한성에 대해서는 아무런 관심도 없다. 이러한 인간은 절망 속에 있지만 의식적으로는 이러한 절망을 느끼지 못한다.

이러한 유한성의 절망에 빠져 있는 사람은 자갈처럼 매끄럽게 닳아 있어서, 현재 유통되고 있는 화폐처럼 세상에 잘 적응한다. 그는 사람들에게서 찬양받고, 그들 사이에서 중요시되고, 명예로운 위치에 있게 될 수 있다. 그는 자신의 재능을 발휘하고, 부(富)를 축적하며, 세속적인 일을 영위하고, 현명하게 타산하며, 그 밖의 여러 가지 일을 성취하고, 어쩌면 역사에 이름을 남길 수도 있다. 그러나 그는 세상에 자기를 팔고 있을 뿐, 그 자신은 아니다. 그는 처세법에 갈수록 능통해지면서 자기 자신을 잊게 되고, 신이 의도하신 자신의 이름도 잊게 된다. 그는 아무리 이기적일지라도 정신적인 의미에서는 아무런 자아, 즉 그것을 위하여 모든 것을 걸 수 있는 자아, 신 앞에 서 있는 자아를 소유하고 있지 않은 것이다.

키르케고르는 지상의 모든 재화를 다 획득했더라도 자기 자신을 상실한다면 사실은 절망 속에 있는 것이라고 말한다. 유한성의 절망에 대한 키르케고르의 분석에서 우리는 마태복음 16장 26절의 다음과 같은 말을 떠올리게 된다.

"사람이 만일 온 천하를 얻고도 제 목숨을 잃으면 무엇이 유익하리오."

하이데거는 『존재와 시간』에서 유한성의 절망에 대한 키르케고르의 사상을 세상 사람의 삶 내지 비본래적인 실존에 대한 사상으로 발전시키고 있다. 하이데거에 의하면, 우리는 우선 대개는 자신이 사는 일상적인 삶의 방식이 과연 참된 삶의 방식인지에 대해서 근본적으로 반성하지 않은 채 세상일들에 몰입한 채로 산다. 우리는 매일매일 자신이 부딪히는 눈앞의 일을 해결하는 데 바쁠 뿐, 자신이 살고 있는 삶의 전체적인 방식에 대해서는 의문을 품지 않는 것이다.

우리는 일상적으로 자신을 모든 생각과 행위의 주체로 생각하면서 매사에 '나는 이렇게 생각하고 이렇게 행위한다'라고 말한다. 그러나 하이데거는 과연 이러한 표현 방식이 일상적 삶의 실상을 제대로 표현하고 있는 것인지에 대해서 의문을 제기하고 있다. 일상적 삶의 주체는 사실은 각각의 나 자신이 아닐 수도 있다는 것이다.

데카르트 이래의 근대 철학은 우리의 자아를 모든 생각과 행위의 주체로서의 의식과 동일시하면서, 의식을 분석함으로써 우리의 자아를 해명할 수 있다고 보았다. 즉 근대 철학은 의식의 자기반성에 의해서, 즉 지각이나 인식과 같은 의식의 다양한 작용들을 반성하고 분석함으로써 우리 자신을 이해하려고 한 것이다.

그런데 하이데거는 근대 철학의 이러한 접근법에 대해서 다음과 같은 의문을 제기하고 있다. 즉 의식의 자기반성이 과연 일상적인 삶 속에 빠져 있는 우리의 본질을 개시할 수 있는가? 우리는 항상 '나는 이렇게 생각하고 이렇게 행위한다'라고 말하면서 자신을 모든 생각과 행위의 주체로 내세운다. 그러나 우리는 자기 자신으로 살고 있지 않을 때야말로 '자신은 바로 나이다'라고 가장 큰 소리로 말하는 것은 아닐까? 사실상 우리는 우선 대개는 자기 자신으로 살고 있지 않다.

우리는 우선 대개는 자신을 자신의 세계로부터 이해하면 서 다른 사람들과 관계한다. 예를 들어 나는 학교라는 세계에 서는 자신을 교수로서, 가정이라는 세계에서는 자신을 가장 으로서 이해하면서 다른 사람들과 관계한다. 그리고 이러한 일상적인 세계에서 다른 사람들과 관계할 때, 우리는 그들 역 시 그러한 세계 안에서 그들에게 부과된 어떤 일에 종사하는 자로서 그리고 그 일을 잘하거나 잘하지 못하는 자로서 이해 하면서 그들과 관계한다.

다시 말해 우리가 일상적으로 그 안에서 살고 있는 세계에 서는 사람들은 각각의 고유한 인간으로서 나타나는 것이 아 니라 그들이 종사하는 일의 수행자나 사람들이 일반적으로 추구하는 세간적인 가치들의 구현자로서 나타난다. 사람들은 기술자라든가 교수, 아니면 부자라든가 빈자로서 나타나는 것이다. 이러한 세계에서 각각의 인간은 다른 누구에 의해서 도 대체될 수 없고 다른 누구와도 비교할 수 없는 각자적인 고 유한 존재로 나타나지 않는다. 사람들은 다른 사람들에 의해 서 얼마든지 대신 수행될 수 있는 특정한 사회적 기능의 수행자나 다른 사람들과 항상 비교되면서 가치가 매겨지는 존재로 나타나는 것이다.

이러한 세계에서 우리는 자신이 행하는 사회적인 기능 면에서 타인에 비해서 자신이 더 잘한다거나 아니면 잘하지 못한다는 식의 격차나, 부, 명예, 도덕성, 종교적인 헌신도와 같은 사회적 가치를 남보다 더 많이 소유하고 있다든가 아니면 더 적게 소유하고 있다는 식의 격차를 의식한다. 이에 따라 사람들은 자신이 다른 사람들보다도 크게 뒤떨어져 있다고 생각하면 그 격차를 줄이려 하고, 그렇지 않고 다른 사람들과 큰 차이가 없다고 생각하면 그 격차를 늘리려고 노력한다. 분명히 자각은 못 하고 있을 수는 있지만 사람들은 항상 이런 격차에 신경을 쓴다.

이런 맥락에서 하이데거는 일상적인 삶에서 사람들이 서로에 대해서 갖는 관계의 성격을 격차성(Abständigkeit)이라고 부르고 있다. 이러한 격차성은 우리가 흔히 비교의식이라고 부르는 것에 해당된다. 이러한 격차성 내지 비교의식은 우리가 그것을 자각하지 못할수록 오히려 타인들에 대한 우리의 관계를 더욱더 집요하고 근본적으로 규정하게 된다.

이렇게 비교의식이 지배하는 인간관계에서는 사람들은 부지불식간에 서로 경쟁적이 되고, 사람들 사이에는 서로에 대한 노골적이거나 은밀한 시기심이 지배하게 된다. 이런 삶에서 우리는 극히 자기중심적이며 다른 사람들이 자신보다 우월하게 되는 것을 참을 수 없어 한다. 우리의 일상적인 삶은 자신보다 성공한 사람들에 대한 질투와 자신에 대한 불만이라는 번뇌에 시달리는 삶이다. 따라서 사람들은 서로를 위하는 척할 뿐이지 진정으로 위하지는 않는다.

"세상 사람이라는 존재 양식을 가진 상호 존재는 서로 떨어져서 무관심하게 나란히 존재하는 것이 아니라, 호의라는 가면을 쓰고 서로 위하는 척하면서도 애매하게 긴장하면서 서로 살피면서 남몰래 서로 엿듣는 것이며 사실은 반목을 연출하고 있는 것이다."[3]

여기에서 하이데거가 말하는 세상 사람은 세간적인 가치

---

3   M. Heidegger, *Sein und Zeit*, Tübingen: Max Niemeyer Verlag, 1972, p.175.

들에 따라 사는 사람들을 가리킨다. 비교의식에 사로잡혀 있는 사람들의 삶은 자기중심적인 삶이지만 그렇다고 그들이 남에 대해서 아무런 관심이 없다는 것은 아니다. 오히려 그들은 타인들의 시선에 항상 신경을 쓰면서 세간의 인정을 받기 위해서 분투한다. 사람들은 타인들보다 우월한 지위를 확보하여 찬탄과 부러움의 대상이 되길 원한다. 세간의 가치에 영합하면서 세간의 인정을 받기 위해서 애쓰는 삶에 대해서 파스칼은 이렇게 말하고 있다.

"우리는 우리 안에, 우리 고유의 존재 안에 지니고 있는 생에 만족하지 않는다. 우리는 타인의 관념 속에서 하나의 상상적인 생을 살기를 원하고 그것을 위해 그럴 듯하게 보이려고 노력한다. 우리는 우리의 상상적 존재를 아름답게 꾸미고 보존하기 위해 늘 힘씀으로써 실제의 존재는 소홀히 한다."[4]

---

4 『팡세』, 147번, 미키 기요시, 위의 책, 31쪽에서 재인용.

하이데거는 이렇게 비교의식에 사로잡혀 있는 삶은 잡담(Gerede)과 호기심에 의해서 규정되어 있다고 본다. 비교의식에 사로잡혀 있는 사람은 항상 타인들과 자신을 비교하면서 그들보다 앞서고 싶어 하기 때문에 타인들에 대해서 애정을 가질 수 없다. 따라서 그가 다른 사람들에 대해서 하는 말은 대체로 무책임한 잡담이다. 그는 다른 사람들에 대해서 끊임없이 많은 말을 하지만, 이 말은 그들의 진정한 핵심에는 전혀 닿지 못하고 표면에서만 겉돌 뿐이다.[5] 따라서 잡담은 다른 사람들에게 상처가 된다.

비교의식에 사로잡혀 있는 사람에게서는 타인에 대한 관심도 진정한 애정을 결여한 호기심에 불과하다. 그는 호기심에 차서 다른 사람들에 대한 새로운 이야기를 쫓아다닌다. 그가 이렇게 하는 것은 자신이 삶의 근저에서 경험하고 있는 공허함을 새로운 것들을 접하면서 맛보는 긴장과 흥분을 통해서 메우기 위해서다. 잡담과 호기심은 사람들에게 나름의 흥분과 긴장을 제공하기 때문에 사람들은 끊임없이 잡담을 하

---

5   M. Heidegger, 위의 책, p.169 참조.

고 새로운 소식들에 귀를 기울이면서 자신이 활기 넘치는 인생을 살고 있다고 착각한다.

비교의식이 지배하는 삶에서 사람들의 생각과 행동은 사실은 사회가 주입한 가치들에 의해서 규정되어 있다. 이런 의미에서 사람들은 진정한 의미의 주체로 살지 못하고 하이데거가 말하는 세상 사람으로 살고 있다. 그들은 자기 자신으로 사는 것이 아니라 타인들과 동일하게 사는 쪽이 편하고 안전하다고 느낀다. 그들은 자신의 자아를 '타인'에게 탈취당하게 한다. 이와 함께 그들은 군집(群集) 속에서 하나의 단위, 하나의 숫자로 전락하고 만다.

속물적인 인간은 자신의 삶이 아무런 문제 없이 잘 진행되면 희희낙락하면서 산다. 그는 자신의 삶이 얼마나 위험한 지반 위에 서 있는지를 자각하지 못한다. 그러나 그가 집착하는 명예나 지위 또는 부는 언제든 붕괴할 수 있다. 속물적인 인간은 자신의 자아를 부와 명예 같은 외적인 것과 동일시하기 때문에, 이러한 외적인 것이 붕괴하면 자신의 자아도 붕괴한다고 생각하면서 절망적인 좌절감에 빠진다. 그는 자신의 삶이 끝났다고 생각하면서 경우에 따라서는 극단적인 선택을 하기도 한다.

이러한 인간은 절망하면서도 계속해서 자신의 자아를 외부에서 찾으면서 외적인 것에 의존하고 싶어 한다. 그는 자신이 겪고 있는 절망과 번뇌가 불리한 외부 상황에서 비롯되었다고 생각하면서 상황이 유리하게 변하기를 기대하는 것이다. 키르케고르에 따르면, 이렇게 절망에 빠진 인간이 보이는 최악의 태도는 다른 사람을 부러워하면서 그 다른 사람이 되기를 바라는 것이다. 그는 '내가 다른 인간이었다면…', '내가 다른 인간이 된다면…'이라고 간절히 소망한다.

키르케고르 역시 유한성의 절망이 갖는 특성을 비교의식에서 찾고 있다. 유한성의 절망에 빠져 있는 인간은 항상 인간과 인간 사이의 차이에 집착하면서, 없어서는 안 될 유일한 것에 대해서는 이해하지 못한다. 이 경우 '없어서는 안 되는 유일한 것'은 참된 자기를 찾는 것이다. 이와 관련하여 우리는 누가복음에 나오는 막달라 마리아와 마르타의 이야기를 떠올릴 수 있다. 예수가 설교를 하고 있을 때 마리아는 예수의 발밑에 앉아 예수의 이야기를 듣고 있었던 반면에, 마르타는 사람들의 시중을 드느라 바빴다. 마음이 상했던 마르타는 예수에게 마리아에게 자신을 도우라고 명해 달라고 부탁한다. 그러나 예수는 마르타에게 이렇게 말한다.

"실상 필요한 것은 한 가지뿐이다. 마리아는 참 좋은 몫을 택했다. 그것을 뺏어서는 안 된다."[6]

마르타는 자신과 마리아를 부지불식간에 비교하면서, 일하지 않는 마리아에게 불만을 품었다. 그러나 예수는 참으로 중요한 것은 그러한 모든 비교의식을 떠나 진정한 자기를 찾는 것이요, 그러기 위해서는 마리아처럼 자신의 말에 귀 기울이는 것이 더 중요하다고 본 것이다.

비교의식이 지배하는 인간관계에서 사람들 사이의 관계는 부지불식간에 경쟁적인 것이 되고, 사람들은 항상 '자신의' 지위를 안정되게 확보하고 남보다 앞서가는 데 모든 에너지를 쏟게 된다. 우리는 이러한 삶을 '편협한 자기중심적인' 삶이라고 부를 수 있을 것이다. 그런데 '편협한 자기중심적인' 삶을

---

6 누가복음, 10장 42절.

살아가는 자아야말로 타인들과 자신을 비교하면서 타인들에 대한 은밀한 경계심과 질시에 차 있기 때문에, '자기 자신'을 더욱더 강하게 의식하게 된다. 이에 따라 그러한 자아는 항상 '나는 이렇게 생각하고 이렇게 행위한다'고 주장하면서 '자기 자신'을 자신의 생각과 행위의 주체로 여기게 된다.

그러나 이렇게 격차성 내지 비교의식이 지배하는 삶에서 인간은 자신의 삶의 주체가 아니라, 사실은 세간의 가치들이나 세간의 평판에 예속되어 타인들의 자의(恣意)와 변덕에 의해서 휘둘리면서 살게 된다. 이 경우 타인들이란 어떤 특정한 타인들이 아니라 일반적인 군중을 가리킨다.

속물적인 인간의 삶은 쇼펜하우어가 말하는 것처럼 욕망과 권태 사이에서 오락가락하는 삶이다. 이 경우 우리가 갖는 욕망이란 부나 명예 또는 매력적인 이성에 대한 욕망이다. 이러한 욕망이 충족되었을 때 우리는 쾌감을 느끼지만 이러한 쾌감은 오래가지 못한다. 이러한 쾌감이 충족되고 얼마 지나지 않아 곧 권태가 우리를 찾아온다. 권태는 새로운 욕망에 의해 우리가 사로잡히는 것과 동시에 사라질 수도 있지만, 만성적인 권태로 발전할 수도 있다. 이렇게 만성적인 권태에 사로잡힐 때 우리에게 삶은 무의미하고 공허한 회색으로 나타나게 된다.

이러한 만성적인 권태는 우리가 일상적으로 빠져 있는 속물적인 삶이 무의미하고 공허한 것이라는 사실을 드러내는 것이라고 할 수 있다. 우리가 만성적인 권태에 빠지면서 우리 자신이 그동안 살아왔던 삶의 실상이 드러나는 것이다. 이 경우 우리가 속물적인 삶을 넘어서는 새로운 삶으로 도약하지 않는 한, 만성적인 권태는 우울증이나 염세주의로 악화될 수 있다.

그러나 속물적인 삶을 넘어서는 새로운 삶을 구현한다는 것은 쉽지 않다. 따라서 우리는 가능한 한 권태에 빠지지 않기 위해서 흥분을 일으킬 수 있는 자극적인 오락거리들을 끊임없이 개발해 낸다. 사람들은 스포츠에 열광하고 도박이나 사냥에 빠진다. 게임 중독이나 마약 중독 등 갖가지 중독 증세도 사실은 우리를 속물적인 삶의 실상에 직면하게 하는 만성적인 권태에 빠지지 않기 위해서 생긴 것이라고 할 수 있다. 우리는 만성적인 권태가 드러내는 일상적인 삶의 공허함과 허망함을 직면하기 두려워하는 것이다.

파스칼은 인간이 자신의 비참한 존재를 외면하기 위해서 만들어 낸 갖가지 유흥과 오락 등을 기분 전환(divertissement)이라고 부르고 있다. 그러나 이러한 기분 전환에는 단순히 유흥과 오락과 같은 즐거운 것들뿐 아니라 학문이나 예술같이 고상하게 보이는 것들, 그리고 싸움과 전쟁같이 잔혹한 것들, 그리고 정치, 도박, 근면한 노동 같은 것들도 포함된다. 사람들은 이러한 활동을 통해서 자신의 존재 근저에서 입을 벌리고 있는 허무의 심연을 보는 것을 회피하는 것이다.

"인간이 내기를 좋아하고 전쟁을 기뻐하는 것은 의심할 것 없이 내기의 위험과 전쟁의 고통을 추구하고 있기 때문이 아니라, 그것들의 떠들썩한 움직임에 의해 그의 마음을 자기로부터 돌아서게 하고, 자기 자신에 대해, 자기의 상태에 대해 생각하는 것을 방해하기 위한 것에 다름 아니다."[7]

---

7   미키 기요시, 위의 책, 145쪽.

프롬은 특히 많은 현대인이 만성적인 권태에 빠져 있다고 보았다. 그 결과 사람들은 그러한 만성적인 권태를 잠재울 다양한 자극들을 찾아다닌다. 오늘날 대중매체들이 자극적인 보도를 일삼는 것도 현대인들이 만성적인 권태에 빠져 있기 때문이다. 사람들은 이러한 보도들에 몰두하고 흥분하면서 권태를 해소한다. 더 나아가 사람들은 만성적인 권태에서 벗어나기 위해서 폭력이나 전쟁 같은 파괴적인 출구를 택하기도 한다.[8] 1차 세계대전이 일어났을 때 많은 유럽인은 마침내 지긋지긋한 권태에서 벗어났다고 느꼈다고 한다.

무한성과 유한성의 절망을 비교할 때, 무한성의 절망이 유한성의 절망보다도 더 반성적이며 더 많은 자아를 가지고 있다고 할 수 있다. 이는 자아란 반성이며, 무한성의 절망이 의거하고 있는 상상력도 반성이기 때문이다. 무한성의 절망은 자신의 유한성을 의식하면서 나름대로 무한성을 추구한다는 점에서 어느 정도의 자아성을 갖는다. 이에 반해 유한성의 절망은 세간의 가치에 무반성적으로 영합하면서 세간사에 빠져

---

8   에리히 프롬, 『희망이냐 절망이냐』, 종로서적 편집부 옮김, 종로서적, 1983, 97쪽.

있다는 점에서 자아를 결여하고 있다. 강렬한 상상력이 없는 곳에는 강렬한 자아 또한 존재하지 않는다. 다만 무한성의 절망이 추구하는 무한성은 공상적인 무한성이라는 점에서 그것은 진정한 자아에 도달하지는 못하고 있다.

(2) 가능성과 필연성의 규정 아래서 고찰할 경우의 절망

자기 자신이 되기 위해서는 가능성과 필연성이 똑같이 본질적으로 필요하다. 아무런 가능성을 갖지 못한 자아도 아무런 필연성도 갖지 못한 자아도 절망 속에 있다.

ㄱ. 가능성의 절망: 필연성의 결핍

가능성의 절망은 무한성의 절망과 밀접한 관련이 있다. 공상적인 가능성에 매달리면서 자신의 필연적인 한계를 깨닫지 못하는 것이 가능성의 절망이다. 이와 함께 자아는 추상적인 가능성이 된다. 가능성의 절망에 대한 예로서 우리는 가수로서의 소질은 전혀 갖지 못한 사람이 가수가 되고자 하는 허황된 꿈에 사로잡혀 있는 것을 들 수 있다. 이 경우 자아는 가능성 속에서 발버둥 치면서 피곤해질 뿐, 자신이 서 있는 장소에서 밖으로 나올 수도, 또 어딘가 다른 장소에 다다를 수도 없다. 왜냐하면 필연적인 것이야말로 그가 서 있는 장소이기 때문이다. 그가 결여하고 있는 것은 자신의 자아 안에 존재하는 필연적인 것, 즉 자기 자신의 한계라고 부를 수 있는 것에 머리를 숙이는 복종의 힘이다.

따라서 그의 불행은 그가 이 세상에서 뛰어난 인물이 되지 못했다는 데서 비롯되지 않는다. 오히려 그가 자기 자신에, 즉 그의 자아가 전적으로 특정한 어떤 것이며, 따라서 필연적인 것이라는 사실에 주의하지 않았다는 사실에서 비롯되는 것이다. 그는 자신의 자아를 공상적으로 가능성의 거울에 비춰 봄으로써 자기 자신을 상실한 것이다.

생각 속에서는 모든 것이 가능하기 때문에 사람들은 온갖 방식으로 방황할 수 있다. 그러나 키르케고르는 이러한 방황이 근본적으로 두 가지 형태로 일어날 수 있다고 본다. 그것은 소망하면서 동경하는 희망이라는 형태를 취할 수도 있고, 미래에 일어날 어두운 가능성들을 생각하면서 우울해하는 공상적인 우수(憂愁)의 형태를 취할 수도 있다. 소망하면서 동경하는 형태의 예로서 키르케고르는 아름다운 새를 쫓다가 집으로 돌아갈 수 있는 길을 잃어버린 사람을 들고 있다. 소망하고 동경하면서 방황하는 자는 가능성을 필연성 안에 구현하는 대신에, 항상 가능성의 뒤를 쫓다가 자기 자신에게로 되돌아가는 길을 발견할 수 없게 되는 것이다. 정반대의 방향이지만 공상적인 우수에서도 이러한 일이 일어난다. 인간은 미래에 일어날 갖가지 불안한 가능성들을 걱정하는 것에 빠져서 자기 자신에게서 떨어져 나간다.

ㄴ. 필연성의 절망: 가능성의 결핍

가능성의 결핍은 우리가 위에서 유한성의 절망이라고 부른 '세상에 영합하는 속물성과 일상성'으로 나타나거나 결정론이나 숙명론으로 나타난다. 세상에 영합하는 속물적인 인간은 눈앞의 현실에 몰두하면서 세간적인 가치를 쫓는 데 정신이 팔려 있다. 따라서 그의 경우에는 자신의 삶 전체에 대해서 반성할 수 있는 정신적인 능력이 아직 잠들어 있다. 속물적인 인간은 무한하고 영원한 존재로서의 신을 생각하더라도, 신을 자신이 추구하는 세간적인 가치를 실현하는 데 도움을 주는 수단적인 존재로 생각할 뿐이다. 신은 속물적인 인간이 원하는 것을 실현시켜 주고 속물적인 인간에게 죽음 이후에도 영생을 가져다줄 존재로서만 무한하고 영원한 존재일 뿐이다. 단적으로 말해서 신에 대한 그의 신앙은 자신의 복을 구하는 기복신앙이다.

이에 반해 숙명론과 결정론은 인간의 삶도 맹목적인 대자연에서 일어나는 하나의 자연현상으로 본다. 그것들은 인간 개개인의 삶을 큰 바다에서 이는 물거품과 같은 것으로 보며, 죽음도 이러한 물거품이 꺼지고 다시 자신의 본체인 바다로 되돌아가는 것과 같은 것으로 본다. 숙명론과 결정론은 어떠한 무한성이나 영원성도 존재하지 않는다고 보며, 그러한 무한성과 영원성은 인간이 만들어 낸 공상에 불과한 것이라고 본다.

숙명론과 결정론이 인정하는 무한성과 영원성은 필연적인 법칙에 따라서 운행하는 자연일 뿐이다. 따라서 숙명론과 결정론이 인정하는 무한성과 영원성은 만물에 대한 사랑과 행복으로 충만한 존재라는 의미의 신적인 무한성과 영원성이 아니다. 숙명론자와 결정론자는 신을 인정하지 않으며, 그에게 신이 존재한다면 그것은 필연적인 운명뿐인 것이다.

개체의 삶이 대자연에 의해서 결정되어 있다고 보는 숙명론과 결정론은 부나 명예와 같은 세간적인 가치들의 허망함과 우리 삶의 유한성에 대해서 나름대로 반성을 하고 있다는 점에서는 속물성보다 낫다고 할 수 있다. 숙명론과 결정론은 우리 삶과 세계 전체를 떠올리는 상상력과 그것의 본질에 대해서 사유하는 나름대로의 정신성을 갖고 있는 것이다. 이 점에서 속물성은 무정신성의 절망인 반면에, 결정론과 숙명론은 정신의 절망이다. 자신의 삶과 세계 전체의 행로가 숙명적으로 정해져 있다고 보는 숙명론과 결정론에는 필연성의 긴장을 완화시킬 수 있는 작용으로서의 가능성이 결여되어 있으며, 속물성에는 무정신성으로부터 깨어나게 하는 각성 작용으로서의 가능성이 결핍되어 있다.

숙명론자처럼 모든 것을 필연적인 것으로 보는 사람들, 즉 가능성을 상실한 자는 체념과 위축 속에서 필연성의 무게에 짓눌려 좌절한다. 이에 반해 속물적인 인간은 세간에 몰입한 채로 모든 가능성을 자기 뜻대로 지배할 수 있는 것처럼 믿으면서 실질적으로는 자신을 협소한 굴레 속에 가두고 있다. 그는 자기만족적인 무정신성의 노예가 되어 가장 가련한 존재가 되어 있다. 다시 말해 숙명론과 결정론은 그래도 가능성에 절망할 만큼의 상상력과, 불가능성을 발견할 만큼의 가능성을 소유하고 있다. 그러나 속물성은 일상적인 것에 만족하고 있기에, 삶이 잘 되어 가든 그렇지 않든 간에 절망 상태에 있다.

더 나아가 키르케고르는 우리 대부분이 살고 있는 삶, 즉 속물적인 삶이야말로 가장 무정신적이고 가장 절망적인 삶이라고 보고 있다. 가능성의 절망에 빠진 자, 즉 가능성 안에서 길을 잃은 자는 분별없는 절망에 의해서 하늘 높이 날아 올라간다. 이에 반해 필연성의 절망에 빠진 자는 모든 것을 필연적인 것으로 보면서 가능성을 상실한 채 위축된 절망 속에서 현실에 좌절한다. 그러나 속물적인 인간은 필연성도 가능성도 갖지 않기에, 자기만족적인 무정신성의 자기만족에 빠져 있다.

2) 의식의 규정 아래서 고찰할 경우의 절망

이제 키르케고르는 절망이 의식되어 있느냐 아니냐에 따라서 절망을 비본래적인 절망과 본래적인 절망으로 나눈다.

비본래적인 절망은 실제로는 절망하고 있으면서도 자신이 절망하고 있다는 것을 알지 못하는 절망이다. 이에 반해 본래적인 절망은 자신이 절망하고 있다는 것을 깨닫고 있는 절망이다. 이러한 본래적인 절망을 키르케고르는 '절망하여 자기 자신으로 존재하지 않으려는 절망'과 '절망하여 자기 자신으로 존재하려는 절망'으로 나누고 있다.

키르케고르는 인간의 자기의식이 강화됨에 따라서 절망의 정도도 달라진다고 본다. 이런 의미에서 키르케고르는 악마의 절망이야말로 최고도의 절망이라고 말한다. 왜냐하면 악마는 정신일 뿐이며 절대적으로 투명한 의식이어서, 정상을 참작하여 죄를 감면하는 데 도움이 될 어두운 무의식성을 가지고 있지 않기 때문이다. 이 경우 악마는 자신의 유한성과 세상의 불합리에 대해서 분노하면서 신에게 반항하는 인간을 가리킨다.

이러한 인간은 자신의 유한성과 세상의 불합리 그리고 신을 철저하게 의식하고 있다는 점에서 절대적으로 투명한 의식을 가지고 있다. 이런 의미에서 그의 절망은 최고도의 절망이다. 이에 반해 최저의 절망은 천진하게 세간의 일에 빠져 있으면서 세상일이 자기 뜻대로 되고 있다고 희희낙락하는 속물적인 절망이다. 그것은 자신 안에 영원성이 존재한다는 사실을 깨닫는 정신과 의식을 가장 결여하고 있어서 자신이 절망 상태에 있다는 사실조차도 알지 못한다.

(1) 비본래적인 절망

비본래적인 절망은 앞에서 언급한 최저의 절망이다. 즉 천진하게 세상사에 몰두하는 가운데 자신이 절망 상태에 있다는 사실조차도 알지 못하는 것이다.

이렇게 비본래적인 절망에 의해서 규정되고 있는 삶의 태도는 키르케고르의 유명한 실존의 3단계 중 첫 번째 단계인 심미적 실존에 상응한다고 할 수 있다. 심미적 실존 단계에서 인간은 자신의 자아를 자신이 추구하는 외적인 일이나 대상에서 찾고 있다. 그는 아름다움, 부, 지위, 재능, 건강 등에만 관심이 있다. 그러나 이런 것들은 인간이 마음대로 할 수 없는 것이며 우연에 내맡겨져 있는 것들이다. 우리가 이런 것들에 의존할 경우, 이것들은 우리의 통제 밖에 있기 때문에, 우리는 만사가 잘되도록 행운을 비는 수밖에 없다. 심미적 실존은 이렇게 자신의 자아를 자기 외부에서만 찾기 때문에 자아가 아직 정립되어 있지 않다고 할 수 있다. 이때 인간은 아직 자신이 자아를 갖는다는 것을 의식조차도 하지 못하고 있다.

그러나 아름다움이나 부 또는 지위와 같은 외적인 것들을 얻으려고 하는 삶은 육체적인 노화와 죽음 등에 의해서 저지된다. 재능 역시 사람들이 바라는 것이지만 사람들에게 우연히 주어진 것으로서 자신의 통제 밖에 있다. 따라서 천재가 되는 것은 자신의 노력보다는 행운에 의한 것이다. 이렇게 보면 타고난 천재의 삶일수록 자신의 기여는 적어지는 셈이다. 이런 의미에서 심미적 단계에서 삶은 우연적이고 유한한 것에 몰두하는 삶이다. 심미적 단계에서 사람들이 몰두하는 대상은 다양하고 시간에 따라서 변할지 모르지만, 자신이 아닌 것에 몰두하고 있다는 삶의 성격은 변하지 않는다.

심미적 단계에서 자아는 필연성과 가능성의 긴장에 찬 관계를 아직 경험하지 못하고 있으며, 따라서 아직 본격적인 자아가 생기지 않았다고 할 수 있다. 이 단계에서 사람들은 자신의 양심에 비추어 진심으로 뉘우치는 도덕적인 죄책감을 느끼지 못한다. 사람들은 자신이 남들이나 사회가 자신에 대해서 갖는 도덕적인 기대에 미치지 못했다는 것만을 불안해 할 뿐이다. 다시 말해서 그는 진정한 의미의 죄책감이 아니라 남의 눈을 의식하는 수치심만을 가질 뿐인 것이다. 그러나 진정한 의미의 죄는 타인이나 사회와의 관계에서 성립하는 것이 아니라 자기 자신과의 관계에서 성립한다.

심미적 실존 단계에서 인간의 삶은 철저하게 외적인 것들에 내맡겨져 있으며, 인간은 정신으로서의 자기를 결여하고 있다. 그는 감성적인 것의 지배를 받고 쾌·불쾌라는 감성적인 것의 범주 안에 살기 때문에, 정신이라든가 진리에 대해서는 아무런 관심도 갖지 못한다. 그는 정신으로 존재하려고 하거나 정신적인 차원을 인정하기에는 너무도 감성적이다. 즉 그는 자신이 정신이고 절대자에 참여할 수 있다는 사실에 대해 아무런 관념도 갖고 있지 않다. 심미적 실존은 이렇게 절망에 완전히 내맡겨져 있으면서도 절망을 느끼지도 못하는 직접성의 상태다.

자신이 절망하고 있다는 사실에 대해서 무지할 때, 인간은 자신을 정신으로서 의식하는 일에서 가장 멀리 떨어져 있다. 이러한 무정신성의 상태를 조금도 고통으로 느끼지 않는 것이야말로 나중에 볼 악마적인 절망보다도 더 무서운 일이다. 신을 미워하고 신을 저주하는 것도, 신을 잃어버리고 자기 자신을 잃어버리는 것보다 더 무서운 일은 아니다. 자기를 잃어버리고도 그걸 찾으려 하지 않는 것, 그것을 잃어버렸다는 사실조차 전연 느끼지 않는 것, 그것이야말로 가장 무서운 일이다.

무정신성은 자신이 자아라는 사실에 대한 의도적인 무지 속에 존재한다. 그리고 그러한 무지는 자기 자신에 대한 기만이며 자기 자신이 된다는 과제에 대한 의도적인 무지이다. 따라서 그것은 죄이다. 그러나 무정신성은 죄보다 더 나쁘다. 그것은 자신이 자아라는 것을 인정하는 데 실패했을 뿐 아니라, 그러한 실패를 인정하지 않기 때문이다. 그는 자신이 절망하고 있다는 것을 알고 있는 자에 비하여 진리와 구원으로부터 한층 더 떨어져 있다.

비본래적인 절망은 절망의 가장 위험한 형태이다. 비본래적인 절망에 빠져 있는 사람은 절망에 빠져 있으면서도 태평하여 자신도 모르는 사이에 점점 파멸해 간다. 그는 자신의 정신적 본질을 자각하지 못하는 일상적 삶에 안주하여 만족한다. 그러나 그러한 안정과 만족의 이면에는 불안과 절망이 존재한다. 따라서 외적인 대상들이 자신에게 삶의 행복과 안정을 보장해 줄 것이라는 착각의 마력이 깨지고 삶이 동요하기 시작할 때, 그동안 밑바닥에 숨어 있던 불안과 절망이 그 모습을 드러내게 된다.

자기를 정신으로서 인식하지 못하는 사람, 즉 신 앞에서 자신을 단독적인 정신으로서 인식하지 못하는 모든 인간적 실존은 절망 속에 있다. 다시 말해서 신을 자각적으로 자신의 근거로 삼지 않고 국가나 국민 또는 민중과 같은 어떤 추상적인 보편자 안에 안주하거나, 자신의 자아에 대한 자각도 없이 자신의 재능을 단지 일하기 위한 능력으로만 받아들이고 그것이 보다 깊은 의미에서 누구에 의해서 주어진 것인지 의식하지 못하는 모든 인간적 실존은 실질적으로는 절망하고 있다. 이들은 신 앞에 서 있는 정신으로서 자신을 알지 못하고 있다.

인생에서 가장 아름답고 가장 사랑스러운 것이라고 할 수 있는 여성의 청춘조차도 실은 절망일 뿐이다. 청춘은 순수한 조화이고 평화이며 환희이고 행복이다. 그러나 이러한 행복의 가장 깊은 곳에는 불안이, 즉 절망이 깃들어 있다. 절망이 가장 즐겁게 둥지를 트는 장소는 바로 그러한 행복의 한가운데이다. 그러한 행복은 정신이 아니라 직접성이다. 그리고 모든 직접성은 그것이 아무리 평화롭고 안전한 것이라고 여겨져도 실은 불안이다.

이러한 비본래적인 절망은 단적으로 말해서 자신이 절망 상태에 있음을 모르고 있는 절망이며, 자신이 자아라는 것에 대한, 그것도 영원한 자아를 가지고 있다는 사실에 대한 절망적인 무지이다. 이러한 무정신성의 절망으로 키르케고르는 앞에서 언급한 유한성의 절망과 무한성의 절망을 염두에 두고 있었다. 특히 그중에서도 유한성의 절망을 염두에 두고 있다는 사실을 알 수 있다. 사람들이 무정신적으로 완전히 안심해 있는 상태의 밑바닥에는 절망이 숨어 있다. 키르케고르는 자신이 절망하고 있음을 모르면서 절망하는 자는, 자신이 절망 속에 있음을 아는 절망하는 자에 비해서 하나의 부정성을 더 가지고 있다고 말하고 있다. 이는 절망은 일종의 부정성이며 자신이 절망 속에 있음을 깨닫지 못하는 것은 또 하나의 새로운 부정성이기 때문이다.

(2) 본래적인 절망

본래적인 절망의 상태에서 인간은 자신의 절망적인 상태를 분명하게 의식하고 있다. 본래적인 절망에서 인간은 자신이 육체일 뿐 아니라 영혼과 정신이라는 사실과 자신 속에 영원성이 속해 있다는 사실을 알고 있다. 이러한 본래적인 절망에서 인간의 삶은 두 가지 형태를 취할 수 있다. 즉 인간은 절망하면서 자기 자신으로 존재하지 않으려 하거나 또는 절망하면서 자기 자신으로 존재하려고 한다.

ㄱ. 절망하여 자기 자신으로, 즉 자기 자신의 힘으로 존재하지 않으려고 하는 절망: 여성적인 절망

ㄱ) 지상의 것 또는 지상적인 어떤 것에 관계하는 절망: 수동적인 절망

심미적 실존은 육체적 아름다움, 감각적 쾌락, 부, 명예, 지적 유희, 자기 재능의 개발과 발휘, 자신이 사랑하는 사람을 위해서 산다. 심미적 실존은 자신의 삶에 대해서 반성하지 않기 때문에, 그를 절망에 빠뜨리는 것도 그의 내면에서가 아니

라 외부에서 온다. 따라서 그에게 절망은 단순히 외부로부터 오는 고난일 뿐이다.

　진정한 의미의 절망이란 영원한 것을 상실하는 것이지만, 심미적으로 살면서 자기 성찰을 하지 않는 직접적인 인간은 영원한 것을 상실한다는 것에 대해서는 전혀 관심이 없다. 그가 관심을 갖는 것은 쾌와 불쾌이고 행복과 불행이며 행운과 불운일 뿐이다. 죽음과 함께 소멸해 갈 지상의 유한한 것을 잃는 것은 본래 절망이 아니지만, 직접성에 빠져 있는 심미적인 인간이 관심을 갖는 것은 지상의 것들뿐이며 그는 그것들을 잃는 것을 절망이라고 부르는 것이다. 그는 노화로 인해서 육체의 아름다움을 잃거나 아니면 불운으로 인해 부나 명예를 잃을 때 절망한다. 이러한 절망은 외부로부터 비롯되는 압박에 굴복하는 것이다.

　그러나 이 경우 심미적 실존은 사실은 절망할 하등의 가치들도 없는 것에 대해서 절망하고 있는 것이다. 어차피 그것들은 죽음과 함께 사라질 것들이기 때문이다. 이런 의미에서 키르케고르는 심미적 실존의 절망을 '한없이 희극적인' 것이라고 말하고 있다. 심미적 실존은 전혀 절망이 아닌 것을 가지고 자신이 절망하고 있다고 이야기하기 때문이다.

심미적이고 직접적인 인간은 자신의 자아를 부와 명예와 같은 외적인 것과 동일시하면서 이러한 외적인 것이 붕괴되면 자신의 자아도 붕괴된다고 생각한다. 그러나 이보다 더 우스꽝스러운 혼동은 없다. 왜냐하면 자아야말로 이렇게 외적인 것과는 전적으로 무관한 것이기 때문이다.

심미적 실존의 절망은 심미적 실존의 삶이 외적인 것에 의존하는 삶이라는 데서 비롯되기 때문에, 키르케고르는 심미적 실존의 절망을 수동적인 절망이나 약함의 절망 또는 여성적인 절망이라고 부른다. 심미적 실존은 자신이 의존했던 외적인 것이 붕괴되었을 경우 절망적인 좌절감에 빠지면서도, 계속해서 자신의 자아를 자기 외부에서 찾으면서 외적인 것에 의존하고 싶어 한다. 그는 자신의 절망이 불리한 외부 상황에서 비롯되었다고 생각하면서, 상황이 유리하게 변하기를 기대하는 것이다. 심미적 실존이 빠지게 되는 절망 중 최악의 절망은 절망적인 좌절감 속에 빠져, 자기 자신과 다른 인간으로 존재하고 싶다고 원하는 것이다. 이 경우 그는 절망하면서 '내가 다른 인간이었다면…', '내가 다른 인간이 된다면…'이라고 간절히 소망한다.

키르케고르는 심미적 실존이 경험하는 절망적 좌절감을 현기증에 비유한다. 높은 곳에 올라갔을 때 현기증을 느끼는 사람은 자신이 현기증을 느끼는 것이 높은 곳에 올라왔다는 외적인 요인 때문이라고 생각한다. 그러나 높은 곳에 올라갔다고 해서 모든 사람이 현기증을 느끼는 것은 아니다. 따라서 사실 현기증의 근본적인 원인은 현기증을 느끼는 그 사람 내부의 어떤 것이다. 절망에 빠진 심미적 실존은 현기증을 느끼는 사람과 마찬가지로 자신의 절망이 외부의 어떤 것에 의한 것이라고 생각하지만, 사실 그의 절망은 내적인 원인에 의한 것이다. 그는 진정으로 영원한 것을 발견하지 못했기 때문에 절망하는 것이다.

심미적 실존은 절망하고 있는 와중에 혹시라도 외부 상황이 자신에게 다시 유리하게 되면, 자신의 원래의 직접적인 상태로, 즉 반성을 결여한 상태로 되돌아가려고 한다. 그러면서 그는 세간의 가치를 구현하는 일에 몰입함으로써 자신의 자아를 다시 잊으려고 한다.

심미적 실존이 절망할 경우, 그는 절망을 의식하기는 하지만 그 정도가 아직 미약하다고 할 수 있다. 그는 자신의 절망을 어느 정도는 알아차린다. 그렇지만 그는 그 절망이 본래 어디서 비롯되는지를 분명하게 인식하려고 하지 않는다. 그는 어떤 순간에는 자신이 절망해 있다는 사실을 분명하게 안다. 그러나 그는 다음 순간에는 자신의 좋지 못한 상태의 원인이 어딘가 자기 외적인 것에 있는 것처럼 생각하면서 그것만 제거하면 절망에서 벗어날 수 있으리라고 생각한다. 또는 그는 기분 전환 내지 기분 전환의 수단인 일이나 활동에 열중함으로써 자신의 절망적인 상태를 스스로 분명히 의식하지 않으려 노력한다. 그러나 그는 자신이 일이나 활동에 몰두하는 것은 단순히 자신의 의식을 몽롱하게 하기 위함이라는 사실을 깨닫지 못한다.

그런데 심미적 실존이 어느 정도의 반성을 할 경우가 있다. 심미적 실존으로 사는 사람들도 내면을 향하는 순간이 있는 것이다. 그리고 이 순간이 그들의 최고의 순간이다. 이 경우 절망의 형태는 다소 변하게 된다. 외적인 것으로 전적으로 환원될 수 없는 자아와 자아 안의 어떤 영원한 것에 대한 의식이 어느 정도 발생하면서, 자기 자신이 절망 상태에 있다는 사실에 대한 의식이 다소 발생한다. 그는 외적인 것들은 허망한 것이기에 그것들에서 구원을 찾는 것도 헛된 것이라는 사실을 어느 정도 깨닫게 된다. 또한 반성을 통하여 많은 것을 잃을지 언정 자아를 잃지는 말아야 한다는 사실을 이해하게 된다.

이 경우의 절망은 외부로부터의 충격이나 사건에 의해서 가 아니라 반성에 의해서 일어난 것이라는 점에서 외적인 것에 빠져 있는 천진무구한 직접성, 다시 말해 심미적 실존에 비해 진보한 것이다. 그러한 절망은 외적인 관계에 의해서 발생한 수동적인 좌절이 아니라 어느 정도는 자발적인 행위인 것이다. 자아는 환경과 외계의 영향에서 본질적으로 독립한 존재로서의 자기 자신에 주목하기에 이른다.

그러나 그것은 어느 한계까지만 일어난다. 그는 외적인 것들의 허망함을 알고 있으면서도 그것들에 대한 집착을 끊지 못한다. 즉 그는 자신의 영원한 자아를 선택하는 것을 거부한다. 이 경우 그는 자기 자신에 대하여 자기 집에 대한 관계 이상의 관계를 갖지 못한다. 그는 자기 집이 스토브에서 연기가 새어 나온다든지 등등의 이유로 불쾌한 상태가 되었을 때 밖으로 나간다. 그렇다고 해서 완전히 그 집에서 떠나는 것도 아니며 다른 새로운 집을 빌리는 것도 아니다. 그는 여전히 그 옛집을 자기 집이라고 생각한다. 단지 그는 자기 집이 다시 안락한 상태가 될 때까지 밖에서 기다리고 있는 것이다.

절망하는 자도 어려운 상태가 계속되는 동안에는 자기 자신으로 돌아가려 하지 않는다. 그는 자기 자신으로 있기를 원하지 않는 것이다. 그러나 이윽고 그러한 상태가 지나가고 사정이 좋게 변하면, 그는 자신이 스스로 통제할 수 없는 변화무쌍한 외적인 것들에 절망하고 있었다는 사실을 잊어버린다. 그때까지 그는 때때로 자기 자신을 방문하여 자아에 유리한 어떤 변화가 일어나지 않았는지 확인한다. 유리한 변화가 일어났으면 그는 다시 자기 집으로 돌아간다.

그는 다시 자기 자신이 된 것이다. 그러나 이 경우의 자기 자신이란 어디까지나 사회적으로 인정받는 그의 재능과 소질 같은 것들과 그가 가지고 있는 부와 명예 같은 것들이다. 진실로 자기 자신이 되기 위해서는 내면으로 향해야 하는데 그는 이 내면으로 향하는 길에서 완전히 벗어나게 된다. 그는 자기 내부에 가지고 있는 약간의 반성을 지극히 조심스럽게 다룬다. 그는 자신의 내면에 숨어 있는 것이 자신을 엄습해

올까 두려워하며, 결국에는 그것을 서서히 잊어 가는 일에 성공한다. 세월이 지나가면서 그는 그것을 웃음거리로밖에 생각하지 않는다.

그가 성공적으로 사회생활을 하고 있을 때는 특히 그렇다. 그가 행복한 결혼 생활을 보내고, 인격자로서 명성을 얻으며, 인격자로서의 명성을 향유하고 교양 있는 그리스도교인으로서 목사들의 축복을 받을 경우, 그는 자신이 절망을 극복한 것처럼 생각하지만, 실은 그의 상태야말로 절망이다. 이러한 절망은 아직 심미적 실존의 순진한 직접성을 벗어나지 못한 상태에 머물러 있다. 이 경우 절망한 자가 행하는 자신의 삶에 대한 반성이라는 것도 심미적 실존으로서의 자신의 삶 전체에 대한 질적인 반성이 아니라 심미적 실존에 여전히 구속되어 있는 한갓 양적인 반성에 지나지 않는다. 예컨대 그는 자신이 왜 사업에 실패했는지 또는 자신이 왜 승진하지 못했는지에 대해서만 반성한다. 이렇게 절망하는 자의 자아는 시간성과 세속성의 영역 안에 사로잡혀 있다. 이렇게 일시적인 불운을 만나 일순간 내면으로 귀환하려다가 다시 외면으로 향하는 절망은 가장 보편적인 것이다.

키르케고르는 청년들이야말로 진정으로 절망하는 자이며, 인간은 나이가 든다고 해서 더 성숙하게 되는 것은 아니라고 본다. 사춘기에 도달한 청년은 자신이 죽는다는 사실을 깨닫게 되면서 세간적인 가치들의 허망함을 자각한다. 그는 이 허망함에서 벗어날 수 있는 길을 자신의 내면에서 진지하게 모색한다.

그러나 그는 나이가 들어 결혼을 하게 되고 가정을 꾸리게 되면 다시 세간적인 가치들만을 좇게 된다. 따라서 일반적으로 인간은 나이와 함께 '저절로' 무엇인가에 정신적으로 성숙해지지 않는다. '저절로'라는 것이야말로 정신과 가장 첨예하게 대립하는 것이기 때문이다. 오히려 사람들은 나이가 들면서 무언가를 상실하게 된다. 사람들은 나이가 들수록 자신이 원래 가지고 있던 열정·감정·상상력과 얼마 안 되는 내면성을 잃고 마는 것이다. 이러한 자기 상실은 나이가 들면서 '저절로' 이루어지고 사람들은 세상 사람 특유의 처세술을 습득하게 된다. 이런 의미에서 키르케고르는 소크라테스가 청년들을 사랑한 것은 나이가 들면서 안일함만을 좇게 되는 인간의 일반적인 성향을 잘 알고 있었기 때문이라고 말하고 있다.

'절망하여 자기 자신으로 존재하지 않으려고 하는 절망'을 키르케고르가 여성적인 절망이라고 부르는 것은, 단순히 여성이 연약한 존재라서가 아니라 여성이 갖는 헌신이라는 본질적인 특성 때문이다. 키르케고르는 여성은 자신에 대한 이기적인 관념도 갖지 못하며, 결정적인 의미에서의 지성도 갖지 않고 있다고 본다. 여성의 본질은 헌신이라는 것이다. 키르케고르는 여성처럼 까다롭기 그지없고 새침을 잘 떠는 존재도 없지만, 그럼에도 불구하고 여성의 본질은 남성에 대한 헌신이라고 주장한다. 그리고 키르케고르에 따르면, 여성의 본질이 남성에 대한 완전한 헌신이기 때문에 자연은 여성에게 자신이 찬탄하고 헌신할 수 있는 남성을 찾아낼 수 있는 본능적인 능력을 부여했다.

헌신이 여성의 본질이라는 사실은 여성의 절망이 갖는 성격을 규정한다. 여성은 남성에게 자신을 헌신함으로써 자신을 상실한다. 자신을 상실할 정도로 남성에게 헌신함으로써 여성은 행복하게 되고 그녀 자신이 된다. 남성에게 자기 자신을 온전히 바치지 않고 행복한 여성은 다른 어떤 것을 바쳤다 하더라도 사실은 비여성이다.

남성 역시 자기를 여성에게 바치기는 한다. 그러나 남성은 이렇게 자신을 바치면서도 언제나 등 뒤에 자신의 자아를 남겨 두고 있다. 이에 반해 여성은 자기 자신을, 자신의 자아를 자기가 헌신하는 대상 속에 던져 버린다. 이러한 헌신을 그녀에게 허용하지 않는 것은 그녀의 자아까지도 빼앗는 것이다. 따라서 그녀의 절망은 그녀 자신으로 존재하지 않기를 원하는 형태를 띤다. 여성과 달리 남성은 자신의 자아를 바치지 않으려고 한다. 이런 의미에서 절망하여 자기 자신으로 있으려고 하는 삶에서는 남성적인 것이 표현되고 있다. 여성의 절망이 자신이 아닌 남성에 빠져 있는 것과 마찬가지로 심미적 실존의 절망도 세간사와 외적인 사물에 빠져 자신을 상실하고 있다는 점에서, 키르케고르는 심미적 실존의 절망을 여성적인 절망이라고 부른다.

ㄴ) 영원한 것에 대한 절망 또는 자기 자신에 관한 절망: 허무
　　주의적 염세주의

유한한 것들에 빠져 있는 속물적인 인간에게는 자신이 언젠가는 죽는다는 사실을 상기하면서 자신이 추구하는 세간적

인 안락과 성공이 무상하다는 사실을 깨닫는 정신성이 결여되어 있다. 이 속물적인 인간도 어느 순간 갑자기 자신이 언젠가는 죽을 수밖에 없다는 사실을 깨닫고 무한성과 영원성을 찾아 나설 수 있다. 그러나 그는 그러한 무한성과 영원성을 발견하지 못한 채, 삶은 아무런 의미도 목표도 없이 죽음으로 끝나는 허망한 것일 뿐이라는 결론에 도달할 수 있다. 이때 그는 허무주의적인 염세주의에 빠지게 된다.

허무주의적인 염세주의에 빠진 사람은 가정이나 사회에서 자신이 해야 할 일을 다 하기는 하지만 그런 모든 일이 허망하고 무의미하다고 생각한다. 그는 속물적인 인간의 유한성을 벗어나고 싶어 하지만, 무한성을 발견하지 못하여 절망하는 정신이다.

속물적인 인간은 탄생에서 죽음에 이르는 삶의 전체를 보지 못하는 무정신성에 빠져 있다. 이에 반해 허무주의적인 염세주의자는 적어도 삶의 전체를 반성할 수 있는 정신을 가지고 있다. 그러나 이러한 정신은 유한성에서 벗어날 수 있는 출구는 없다고 생각하면서 절망하는 정신이다. 이러한 정신은 자신의 진정한 자아는 외적인 것들로 환원되어서는 안 된다고 절규하지만, 그 진정한 자아를 찾지 못한 채 허무감에 시달린다.

이러한 허무주의적인 절망 상태에서 인간은 자신의 자아가 자신이 그동안 집착했던 유한한 외적인 것들 이상의 것이기를 희구하면서도 유한한 외적인 것 이상의 영원한 것이 존재한다는 사실을 믿지 못한다. 그는 존재하는 것은 생성 소멸하는 외적인 세계밖에 없으며 이러한 세계에서 자신을 구원할 수 있는 것은 아무것도 없다고 절망하면서, 자신을 세계에 대해서 폐쇄해 버린다.

절망에 빠져 자신을 세상에 대해서 폐쇄하는 인간은, 이 세상은 무의미하며 덧없고 고통에 차 있다고 생각하면서 절망한다. 그는 외적인 모든 것의 허망함을 깨닫고 있지만 자신이 그렇게 허망한 세계 속에서 사라져 가는 것을 무력하게 바라볼 수밖에 없다. 그는 자신이 던져져 있는 덧없는 세계를 혐오하지만, 동시에 그러한 세계 앞에서 무력하게 죽음을 향해 가고 있는 자기 자신도 혐오한다. 이 경우 그는 자살하고 싶은 충동을 강하게 느끼게 된다.

그는 아무런 의미도 없는 것으로 시간을 보내고 있는 자기 자신에 염증을 느끼고 죽고 싶어 한다. 그는 자신을 이러한 염증에서 구해 줄 죽음을 의식적으로 원하는 것이다. 그는 무(無)가 되고 싶어 한다. 이렇게 자살을 하지 않을 경우 그는 매사에서 허무와 슬픔만을 보는 우울증에 빠지게 된다. 세상에 문을 닫고 자기 자신 속에 틀어박혀 있는 이 사람의 내면에 무엇이 숨어 있는지에 대해서 속물적인 삶을 살고 있는 사람들은 아무런 추측도 하지 못한다. 키르케고르 역시 신앙을 잃고 자살을 시도했던 적이 있다.

이렇게 허무주의적인 염세주의에 빠져서 절망하는 자는 지상의 것에서 구원을 찾으면서 그것에 의존했던 자신의 속물적인 삶이 잘못된 것이라는 사실을 인정한다. 더 나아가 그는 자신이 지상의 것에 그렇게도 큰 의미를 부여했을 정도로 약한 인간이었다는 사실을 깨닫는다. 그러나 이러한 인간은 자신의 약함을 인정하고 신 앞에 무릎 꿇으면서 절망에서 신앙으로 비약하지 않는다. 그 대신에 절망 속에 더욱더 깊이 빠져들어 가면서 자신의 약함에 대해서 절망하기에 이른다.

이렇게 허무주의적인 염세주의에 빠져서 절망하는 자는 지상의 것들에서 구원을 찾으면서 그것들에 의존했던 자신의 속물적인 삶이 허망한 것이라는 사실을 인정한다. 그는 그러한 속물적인 삶을 넘어서 충만한 의미로 가득 찬 삶을 살고 싶어 한다. 그러나 그는 어떻게 하면 그런 삶을 살 수 있을지 몰라 절망에 빠져 있다. 그는 세상에 대해 문을 닫고 허무감 속에 틀어박혀 있다. 이러한 상태를 키르케고르는 폐쇄성(Verschlossenheit)의 상태라고 부른다.

절망에 빠져 자신을 세상에 대해서 폐쇄하는 인간은 영원성으로 나아가지 않고, 무력한 자기 속에 폐쇄된(verschlossen) 채로 살아간다. 그는 어떤 의미에서는 외적인 것에 집착하고 의존했던 자기 자신의 속물성과 약함을 혐오하고 증오하면서도, 그렇게 외적인 것 이상의 영원한 것을 찾지 못한 채 외적인 것만이 존재한다고 생각하면서 절망하는 것이다. 그는 진정한 자기 자신을 획득하려고 하지 않고, 연약한 자기 앞에 무릎 꿇고 만다.

사람들이 절망적인 좌절감을 느끼게 되는 계기가 되는 지상의 것들은 실로 다양하다. 사람들은 사랑하는 가족을 잃거나 재산을 잃고 절망한다. 그러나 이 경우 사람들이 실제로 절망하고 있는 것은 그들을 이러한 절망으로부터 궁극적으로 구해 줄 수 있는 유일한 것인 영원한 것과 그러한 영원한 것을 자신 안에 깃들게 하는 자기 자신의 힘에 대해서이다. 다시 말해 그는 재산이나 가족을 잃었기 때문에 절망하는 것이 아니라, 사실은 영원한 것과 그러한 영원한 것을 자신 안에 깃들게 하는 진정한 자아가 존재하지 않는다고 생각하기 때문에 절망하는 것이다. 지상의 것 또는 지상의 어떤 것에 관한 절망은 사실은 영원한 것과 진정한 자기 자신에 대한 절망이다.

그는 영원한 것과 진정한 자기 자신이 존재하지 않는다고 생각하면서 그것들에 어떠한 진지한 관심도 갖지 않는다. 이런 의미에서 우리는 돈이나 재산같이 지상의 어떤 것을 상실하여 절망하는 자는 그러한 절망의 배후에서 실제로 일어나고 있는 일을 알아차리지 못한다고 할 수 있다. 그는 자신이 지상의 어떤 것을 상실하여 절망하고 있다고 생각하지만, 사실 그는 영원한 것을 상실하여 절망하고 있는 것이다. 그가 지상의 어떤 것에 큰 가치를 부여하면서 그것에서 삶의 의미를 찾는 것 자체가, 이미 영원한 것은 없다고 생각하면서 절망하는 것이다.

이와 관련하여 키르케고르는 '대해서(über)'와 '으로 말미암아(an)'를 구별한다. 절망하는 자는 자신이 무엇에 '대해서 (über)' 절망하고 있는지는 분명하게 알고 있다. 즉 그는 자신이 가족을 잃었다는 것에 대해서 또는 재산을 상실했다는 것에 대해서 절망한다. 그러나 그는 자신이 궁극적으로 무엇'으로 말미암아(an)' 절망하고 있는지에는 주의하지 않는다.

다시 말해 그는 자신이 궁극적으로는 '영원한 것을 상실한 것으로 말미암아' 절망하고 있다는 사실을 깨닫지 못한다. 이런 의미에서 키르케고르는 구제를 위한 조건이 '대해서'로부터 '으로 말미암아'로의 전향이라고 말한다. 다시 말해 인간에게는 자신이 궁극적으로 절망하고 있는 것에 대한 철저한 의식이 필요하다.

절망하는 자의 의식이 각성하게 되면, 이제 그는 자신이 지상의 것에 그렇게 매달리는 것은 자신이 약하기 때문이며, 또한 그것들을 상실하여 절망하는 것도 자신이 약하기 때문이라는 사실을 깨닫게 된다. 그는 자신이 재물이나 명예 또는 가족에 의지하여 힘을 얻고 싶어 한 것은 자신이 약했기 때문이라는 사실을 깨닫게 되는 것이다. 또한 그는 자신이 지상의 것을 잃고 절망하는 것도 결국에는 자신이 약해서 그것에 의지하려고 한 것에 원인이 있었다는 사실을 알게 된다. 그러나 이러한 인간은 자신의 약함을 인정하고 신 앞에 무릎을 꿇는 대신, 절망 속에 더욱더 깊이 빠져들어 자신의 약함에 대해서 절망하기에 이른다. 그는 자신을 약함에서 구원해 줄 수 있는 신의 존재와 그 신의 힘을 믿지 못하고 인간의 약함을 한탄할 뿐인 것이다.

여기에는 단계가 있다. 첫 번째 단계는 자신 안에 어떤 영원한 것이 존재한다는 사실을 의식하는 것이다. 이러한 의식이 존재하지 않으면 영원한 것에 대해서 절망하는 것은 불가능하다.

다음 단계에서는 절망이 무엇인가에 대한 보다 높은 의식이 나타난다. 즉 이 단계에서 절망하는 자는 자신이 절망하는 것이 외적인 것이나 지상의 것을 잃어서가 아니라 영원한 것과 자기 자신을 잃었기 때문이라는 사실을 깨닫는다. 이와 함께 자신의 상태가 절망이라는 사실에 대해서도 보다 높은 의식이 나타난다. 이 경우의 절망은 지상의 것을 상실한 것에 대한 절망처럼 외적인 요인에서 발생하는 수동적인 고뇌가 아니고 하나의 능동적인 내적 행위이다.

마지막 단계에서 이 절망은 점점 더 도가 강해져서 어떤 면에서는 구제에 한 발짝 가까워진다. 자아는 외적인 것에 의지하는 속물적인 자기가 약해 빠진 자기라는 것을 깨닫고 그것을 증오하면서 자기 자신으로 인정하고 싶지 않아 하는 것이다. 그러나 자아는 결국에는 진정한 자기를 획득하려고 하지 않고, 자신의 약함에 무릎 꿇고 만다.

그러나 이제 그는 세상의 속물적인 인간들이나 단순히 주일에 교회에 나가 신을 찬양하는 것으로 만족하는 보통의 그리스도교인들처럼 사는 것이 불가능하게 된다. 그는 자신의 약함에 대한 절망을 망각하면서 다시 무정신성 안으로 숨어들 수가 없는 것이다. 그러기에는 이미 그는 지나치게 자기인 것이며, 자신의 약한 자아가 모든 문제의 원천이라는 것을 알고 있는 것이다. 이러한 절망은 쉽게 잊을 수가 없다. 그것은 잊기에는 너무 깊은 것이다.

키르케고르는 이 마지막 단계의 절망을 자기 자식과 의절한 아버지에게서 흔히 나타나는 상태에 비유하고 있다. 자식과 의절했다고 해서 아버지는 아들로부터 해방되지 않는다. 아버지는 자식을 생각하는 것을 멈출 수 없는 것이다. 그것은 또한 연인을 미워하는 사람, 다시 말해 사랑하는 사람을 저주하는 경우와도 비슷하다. 그 사람을 저주할수록 그는 연인에게 더욱더 강하게 얽매인다. 절망하는 자아가 약한 자기 자신에 대해서 갖는 관계도 이와 같다. 절망하는 자아는 약한 자기 자신에게서 벗어나고 싶어 하지만 그럴수록 그것에 얽매이게 되며, 자신은 그러한 자아밖에 가지고 있지 않다고 절망하는 것이다.

이러한 절망은 매우 드문 절망이다. 그는 세상에 영합하면서 세상일에 빠져 있는 직접성을 경멸한다. 그는 세상에 대해서 자신을 닫고 자신을 응시한다. 그는 이렇게 자신을 응시하면서 약한 자신으로 있고 싶지 않아 하지만, 그러면서도 그렇게 약한 자신에 집착한다. 그는 다른 사람들과 마찬가지로 사회가 자신에게 부과한 일을 하고 사회적인 관습을 따른다는 점에서는 다른 사람들과 동일하다. 단지 그는 자신의 자아만큼은 어느 누구에게도 털어놓고 이야기하지 않을 뿐이다. 그는 자신을 사회에 대해서 폐쇄하면서 홀로 남는다.

그는 외관상으로는 매우 '훌륭한' 인격자이다. 그는 교양 있는 신사이고, 훌륭한 남편이며, 존경할 만한 아버지이고, 매우 유능한 관리이며, 유쾌한 사교가이기도 하다. 아내에게도 매우 친절하고 아이들도 잘 보살펴 준다. 그리고 그 역시 일종의 그리스도교인이다. 그러나 그는 그 일에 대해 이야기하는 것은 되도록 피하며, 교회에는 거의 가지 않는다. 그는 대부분의 목사는 자신들이 하는 말의 의미를 모른다고 생각한다. 그도 신을 영접한 참된 목사는 자신이 하는 말의 의미를 알고 있다고 인정한다. 그러나 이 목사가 하는 말도 그는 들으려 하지 않는다. 그는 그것이 자신을 너무 멀리까지 이끌어 갈까 봐 두려워하기 때문이다.

그는 자주 고독에 대한 갈망을 느낀다. 키르케고르는 자신을 폐쇄하는 자들이 이렇게 고독을 갈망한다는 사실은 그들이 세상일에 빠져 사는 사람들보다도 더 깊은 본성과 정신을 가지고 있다는 사실을 의미한다고 본다. 고독에 대한 갈망은 정신의 징후이며 정신의 깊이를 재는 척도라는 것이다. 이에 반해 사람들과 모여서 수다를 나누고 갖가지 호기심을 충족시키는 인간들은 한순간이라도 고독하게 있지 않으면 안 된다면, 마치 떼 지어 사는 새처럼 곧 죽어 버린다. 이들은 항상 요란한 사교를 필요로 한다.

고대와 중세의 사람들은 고독에 대한 이러한 욕구에 주목했으며, 그것이 의미하는 것에 대해 아직 존경심을 품고 있었다. 그런데 사교적인 시대인 근대에는 사람들은 고독 앞에서 큰 전율을 느끼며, 그것을 범죄자에 대한 형벌 이외의 것으로는 사용할 줄 모른다. 이런 의미에서 키르케고르는 진실로 '우리 시대에는 정신을 소유하는 것이 범죄'라고 말한다.

세상에 대해서 문을 닫고 자기 자신 속에 틀어박혀 있는 절망하는 자는 비록 영원성을 위해서 살지는 않더라도, 영원한 자와 영원한 자기 자신을 조금은 문제 삼으면서 살아가고 있다. 그는 연약한 자기에 절망하면서 영원하고 무한한 것을 갈구하지만, 그러한 것은 결국은 없다고 생각한다. 그는 남편으로서 친절하고 아버지로서 자상하지만, 이는 그가 자신을 약한 인간이라고 생각하기 때문이다. 그는 가족도 허망한 것이라고 생각하지만, 자신은 연약한 존재여서 그것에 의지할 수밖에 없다고 생각하는 것이다.

그러나 키르케고르는 이러한 폐쇄성의 상태에는 어떤 교만이 숨어 있다고 본다. 자신의 약함에 대한 의식이 그에게 그토록 견딜 수 없는 것은, 사실은 그가 자신의 자아를 신에게 의지하지 않을 정도로 강하게 만들어 자랑하고 싶기 때문이다. 그는 신만이 우리를 진정으로 강하게 할 수 있다는 사실을 망각하고 오직 자신에게만 의지하려고 하는 것이며, 이 점에서 사실은 교만에 사로잡혀 있는 것이다.

다만 그는 이러한 사실을 깨닫지 못하고 있을 뿐이다. 그는 자신의 약함을 그렇게 특별히 강조하는 것 자체가 교만에 지나지 않는다는 사실을 깨닫지 못한다. 다시 말해서 그는 신을 믿지 않고 자신의 자아를 믿고 있다. 그렇지만 그는 자신의 힘으로 영원한 구원을 구현할 수 있기는커녕, 자기 자신도 모든 외적인 것과 함께 죽음을 향해 소멸해 가는 무력한 존재라는 사실 앞에서 괴로워하고 절망하는 것이다. 이렇게 절망하는 자가 신앙에로 향하지 않는다면, 그는 자신의 절망을 더욱 강화하면서 자신의 폐쇄성을 강화하든가 아니면 폐쇄된 자아를 깨뜨리고 밖으로 나와 다시 세상의 일들에 몰두하게 된다.

그는 허무주의적인 절망에 빠져 있는 폐쇄적인 상태에서 밖으로 나와 세상일에 몰두함으로써 자아를 잊으려고 한다. 그는 절망하여 정신을 결여한 직접성으로 다시 되돌아가려고 하는 것이다. 그는 안식을 모르는 정신이 되고 역사에 위대한 업적을 남기게 될지도 모른다. 그러나 안식 없는 정신은 자아를 망각하려 하는 정신이기에, 내면의 소리가 너무 높아질 때는 어떤 강력한 수단이 필요해진다. 이 경우 그는 감각적인 것 속에서, 어쩌면 방탕 속에서 망각을 구하려 할 수도 있다. 그러나 그는 외적인 것들에서 구원을 찾는 것은 허망한 것이라는 사실에 대한 깨달음을 결코 떨쳐 버릴 수 없다. 그는 직접성으로 되돌아갈 수 없는 것이다.

이에 반해 그가 자신의 절망을 더욱 강화하면서 자신의 폐쇄성을 강화할 경우, 그것은 신에 대한 반항이 된다. 이렇게 허무주의적 염세주의에 빠져서 절망했던 자아가 신에 대해 반항하게 될 때, 그가 자신의 무력함과 약함에 관하여 운운했던 것은 거짓이었으며, 그가 실은 자신의 자아만을 믿고 있었고 그것을 자랑하고 싶어 했었다는 사실이 드러난다. 그리고 이와 함께 허무주의적인 염세주의에 빠져 있던 자아가 죽음 앞에서 무력하게 소멸해 가는 자신의 자아의 무력함과 약함을 그토록 견딜 수 없어 했던 것도, 궁극적으로는 그가 자신의 자아를 자랑하고 싶었기 때문이라는 사실이 분명하게 된다.

자기 자신의 약함에 대한 절망이야말로 신에 대한 반항을 나타내는 최초의 표현이라는 키르케고르의 말이 얼마나 올바른가 하는 것이 여기에서 밝혀진다.

지상의 외적인 것들에 대한 절망은 그것이 절망인 한, 사실은 영원한 것과 이 영원한 것을 감당해 낼 수 있는 진정한 자기 자신에 대한 절망이다. 따라서 이러한 절망은 단순히 외부로부터 비롯되는 고통이 아니라, 자신이 자기 내면의 영원한 것을 감내할 정도로 강하지 못하다는 사실에 대한 절망이다. 따라서 허무주의적인 염세주의에 빠져 있는 사람에게 필요한 것은 가능성과 무한성을 실현할 수 있다고 믿는 희망이다. 이러한 희망과 함께 허무주의적 염세주의에 빠져 있는 사람은 필연성과 유한성의 무게에 의해 짓눌린 상태에서 벗어날 수 있다.

정리하자면, 속물성과 허무주의적인 염세주의는 현대인들이 빠져 있는 두 가지 극단적인 삶의 태도이다. 속물적인 인간들은 대부분의 경우에 죽음을 망각하면서 세속적인 안락과 영광만을 추구하면서 산다. 이에 반해 허무주의적인 염세주의에 사로잡혀 있는 인간들은 속물적인 삶은 결국은 죽음으로 끝나는 허망한 삶이라는 사실을 온몸으로 절실하게 느끼면서도, 그 이상의 삶의 가능성을 발견하지 못한 채 활기를 잃고 어두운 얼굴로 살아간다.

허무주의적인 염세주의에 빠지는 자들은 극히 드물다. 이들은 속물적인 삶의 허망함을 철저하게 깨닫고 있기 때문에 깊은 정신성을 갖는 자들이다. 이들은 허무주의적인 염세주의에서 벗어나기 위해서 온갖 철학과 종교를 섭렵하지만 답을 찾지 못하고 더욱더 절망에 빠지든가 아니면 다시 세상의 외적인 것들에 집착하는 속물적인 삶으로 돌아가게 된다.

ㄴ. 절망하여 자기 자신으로, 즉 자기 자신의 힘으로 존재하기를 바라는 절망: 남성적인 절망

절망하는 가운데서도 신에게 반항하면서 철저하게 자기 자신으로, 즉 자기 자신의 힘에 의해서만 존재하려고 하는 절망을 키르케고르는 '남성적인 절망'이라고 부르고 있다. 우리는 이러한 남성적 절망에 의해서 비로소 정신으로 존재하게 된다. 이때 인간은 절망하면서도 자기 자신의 힘에 의해서만 존재하기 위하여, 자아 안에 있는 영원한 것을 절망적으로 남

용하게 된다.

신앙으로의 통로인 절망 역시 영원한 존재인 신에 의해 일어나며, 이러한 영원한 존재의 힘에 의해서 자아는 참된 자기 자신을 획득할 수 있다. 이를 위해서 자아는 자신의 유한성과 죄성(罪性)을 깨닫고 신 앞에서 참회해야만 한다. 그러나 신에게 반항할 경우의 자아는 자기 자신을 버리려고 하지 않고 오히려 자기 자신을 주장하려고 한다. 그는 영원한 것을 스스로 감당하고 실현하려고 노력한다. 즉 그는 스스로의 힘으로 서려는 것이다.

그는 신에게서 구원을 찾는 것을 인간의 허약함과 유아적인 의존심에서 비롯되는 것으로 비웃으면서, 자신의 힘으로 무한성, 즉 무한한 선을 유한한 세계 안에 구현하려고 한다. 키르케고르는 이런 사람을 '절망하여 자기 자신으로 존재하려는 자'라고 부르고 있다. 이렇게 절망하여 자기 자신으로 존재하려고 하는 자아는 자신을 그 자체로 무한한 자아라고 생각한다.

신에 대한 이러한 반항은 무한한 것을 의식하고 있기에 어떤 의미에서 진리에 매우 가깝다. 그러나 반항은 진리에 매우 가깝기에, 진리에서 무한히 멀리 떨어져 있다. 신에게 반항하는 인간의 구체적인 자아는 필연적인 한계에 규정되어 있어서 일정한 능력과 소질밖에 갖고 있지 않다. 그러나 그는 자신의 무한한 가능성과 능력을 믿으면서 자신이 원하는 대로 자신과 세계를 변혁할 수 있다고 생각한다. 이러한 무한한 자아는 가장 추상적인 가능성에 지나지 않는다. 그것은 자신이 처해 있는 필연적인 한계를 추상적으로 부정할 뿐, 아무런 구체적인 내용을 갖지 못한 형식적인 무한성이다. 신에게 반항하는 자는 이러한 무한한 자아를 실현하려고 하기 때문에, 자아를 정립한 신과의 모든 관계를 끊어 버리려고 한다.

키르케고르는 이러한 태도를 넓은 의미의 스토아주의라고 부른다. 스토아주의를 신봉하는 인간은 신이 아니라 자신의 무한한 정신력에만 의지하면서 자신이 처해 있는 필연적인 조건들에 의해서 좌우되지 않는 스토아적인 평정심이나 부동심, 즉 무한한 정신을 스스로의 힘으로 실현하고 유지할 수 있다고 믿는다. 이와 함께 자아는 오직 자신의 힘에 의해서만 존재하고 있다는 자족감과 만족감을 향유하려고 한다. 키르케고르는 이러한 종류의 자아를 능동적인 자아라고 부른다.

이러한 자아는 자신보다 높은 어떤 힘도 알지 못한 채 스스로의 힘으로 무한성을 구현하려고 한다. 그러나 유한한 인간에게 이는 불가능하다. 키르케고르는 이런 의미에서 이러한 능동적인 자아를 국토 없는 국왕에 비교하고 있다. 이러한 자아는 자신을 자신이 처해 있는 현실적인 조건들을 지배하는 국왕이라고 생각하지만, 이러한 생각은 사실, 우리가 무한성의 절망에서 본 것처럼 하나의 공상에 불과한 것이다.

이렇게 인간의 본성을 무한성으로 보는 사상은 비단 스토아주의뿐 아니라 근대 사상가들인 포이어바흐나 마르크스 그리고 니체 같은 사상가들에게서도 나타난다. 특히 니체에게서 이러한 사상은, 설령 신이 존재한다 하더라도 우리는 스스로의 힘으로 서기 위해서 신을 살해해야 한다는 전투적 무신론의 형태를 띤다.

니체는 현대인들이 허무주의에 빠져 있다고 보았다. 현대인들은 더 이상 신을 믿지 않게 되었지만, 이와 함께 아무런 의미도 목표도 없이 생성 소멸하는 세계 안에 자신이 내던져져 있는 것으로 느끼게 되었다는 것이다. 니체는 현대인들의 이러한 의식 상태가 쇼펜하우어의 염세주의 철학으로 나타났다고 보았다. 그리고 니체는 이러한 염세주의와 허무주의가 인간이 자신의 의지력을 강화함으로써 극복될 수 있다고 보았다. 인간은 더 이상 신을 믿지 말고 덧없이 생성 소멸하는 이 현실을 긍정할 정도로 자신의 의지력을 강화해야 한다는 것이다. 니체는 인간이 신에 의지하지 않고도 자기 자신의 힘으로 스스로를 구원할 수 있다고 보았던 것이다.

포이어바흐나 마르크스도 니체와 유사하게 인간이 그전까지 신에게 귀속시켰던 지혜라든가 사랑의 능력과 같은 자신의 훌륭한 자질들을 이제는 인간 자신에게 속하는 것으로 자각해야 한다고 본다. 그리고 인간은 자신이 자신의 삶과 역사의 주체라고 자각하면서 삶과 역사를 변혁해 나가야 한다고 본다.

본래 인간의 자아는 일정한 능력과 소질밖에 갖지 못한 유한한 존재이다. 그러나 자아는 자신의 무한한 가능성과 능력을 믿으면서 자신의 힘으로 지상에 천국을 실현할 수 있다고 생각하는 교만에 사로잡힐 수 있다. 우리는 여기서 앞에서 살펴보았던 것처럼 근대 이데올로기에 빠진 사람들을 떠올리게 된다.

키르케고르는 우리가 영원성과 무한성을 진정으로 발견하고 실현하기 위해서는 우리 자신의 유한성과 죄성(罪性)을 통절하게 자각해야 한다고 본다. 그러나 자신의 무한성을 믿는 자들은 자신의 유한하고 죄 많은 자아에 대해서 참회하려 하지 않고 오히려 자신에게 신적인 무한성이 이미 구현되어 있다고 생각한다. 그들은 자신이 아닌 외부의 신에게서 구원을 찾는 것을 허약함과 유아적인 의존심에서 비롯되는 것으로 비웃으면서, 자신의 힘으로 보편적인 선(善)을 지상에 실현할 수 있다고 생각한다.

이들은 자신들이 이미 정의롭고 선한 자들이라고 생각하지만, 사실은 자신의 유한성과 죄성에 눈을 감고 있는 독선적이고 교만한 인간들일 뿐이다. 이들은 자신들을 정의와 선의 사도라고 자처하면서 사람들에게 자신들이 선이라고 믿는 것을 강요한다. 그들은 자신들에게 반대하는 자들을 선의 실현에 반대하는 악마 같은 존재로 보면서 이들을 아무런 양심의 가책도 없이 처단한다.

키르케고르가 본래적인 절망 중 강함의 절망 내지 남성의 절망이라고 부르고 있는 것은 키르케고르의 실존 3단계 중 윤리적 실존에 상응한다. 심미적 실존에서는 인생의 목적이 세간적인 가치들을 구현하고 안락함을 향유하는 데에 있었다면, 윤리적 실존의 삶에서는 정신적인 가치의 실현에 존재한다. 윤리적 실존은 심미적 실존에 대해서 환멸을 느끼고 심미적 실존의 직접성을 극복하려고 한다. 그것은 외적인 것들이 아니라 자기 자신에게서 구원을 찾으려고 하면서, 자기 내면의 보편적이고 영원히 타당한 윤리적 규범을 따름으로써 자신의 영원성을 확보하려고 한다. 윤리적 실존은 스토아주의처럼 자기 자신만의 힘으로 자신이 지향하는 정신적인 가능성을 구현하는 데 묵묵히 매진한다.

자아가 이렇게 윤리적 실존의 단계에서 직접성을 벗어나 자신이 실현해야 할 정신적이고 도덕적인 가능성에 비추어 자신을 돌아볼 수 있게 되면서, 인간의 삶에는 필연성과 가능성 사이에 긴장 관계가 성립하게 된다. 그리고 이를 통해서 본격적 의미의 자아가, 즉 필연성과 가능성을 적극적으로 종합하려고 하는 자아가 생겨난다.

약하고 여성적인 절망이 영원하고 무한한 존재인 신이 궁극적인 위안을 가져다줄 것이라는 말 따위에 귀 기울이려 하지 않는 것처럼, 남성적인 절망에 빠져 있는 능동적인 자아도 역시 신의 위안 따위에는 귀 기울이려 하지 않는다. 그러나 그 이유가 다르다. 전자는 유한한 것들만이 존재한다고 생각하기에 신을 믿지 않는다. 이에 반해 후자는 신의 존재를 인정하더라도 신의 위안 따위를 받아들이는 것은 오히려 자신의 몰락이 된다고 생각하면서 신으로부터의 구원을 거부한다. 그는 자기 자신으로 존재하려고 몸부림치면서 신에 대해서 자신을 폐쇄하려고 한다.

그러나 능동적인 자아는 자신의 현실적인 한계를 깨닫지 못하고 공상에 사로잡혀 있다는 점에서 아직 자기의식이 강하다고 할 수 없다. 자아의 자기의식이 강해지게 될 때, 자아는 자신의 필연적인 한계를 의식하면서 아무리 해도 제거할 수도 떼어 낼 수도 없는 자신의 한계 때문에 고뇌하게 된다. 이러한 자아를 키르케고르는 수동적인 자아라고 부른다. 그러나 이러한 자아는 자신의 유한성을 인정하면서도 진정한 무한자인 신에게 귀의하려고 하지 않는다. 그것은 오히려 자신을 그렇게 유한하게 만들고 세계를 불합리하게 만든 신에게 항의한다. 그것은 신이 구원의 손길을 뻗으려 해도 그것을 뿌리친다. 이렇게 신에게 항의하고 대드는 자아라는 점에서 그것은 악마적인 자아다.

이 경우 인간은 자기 자신 이외의 다른 존재에게 구원을 구걸하기보다는 차라리 지옥의 고통을 겪더라도 자기 자신의 힘에 의해서만 존재하려고 한다. 그는 자신이 무한성을 획득하는 것이 불가능할 정도로 유한한 존재라는 사실을 잘 알고 있다. 그럼에도 불구하고 그는 절망적으로 자기 자신의 힘에 의해서만 존재하려고 하는 것이며, 영원한 존재가 그의 비참함을 그로부터 빼앗아 갈지도 모른다는 사실에 생각이 미칠 때 가장 광포하게 반항한다.

악마적인 절망은 절망의 가장 강화된 형태이다. 이러한 절망 상태에서 인간은 스토아적으로 자신을 신격화하는 방식에 의해서 자기 자신으로 존재하려고 하지 않는다. 스토아적인 자기 신격화는 기만적이기는 해도 자아의 완전성을 목표로 하면서 신에게 도전한다. 즉 스토아주의를 신봉하는 인간은 자신의 자아를 그것을 정립한 힘으로부터 반항적으로 떼어 내려고 한다기보다는 도전적으로 그 힘에 부딪히는 것이다. 이에 반해 악마적인 절망은 자신의 유한성을 인정하면서도 신의 구원을 받아들이는 것은 비겁하고 굴욕적인 일이라고 생각하면서 신의 도움을 거부한다. 그는 오히려 신에게 항의하고 반항한다. 그는 자신을 신을 반박하는 증인으로서, 신이 서투른 작가라는 사실을 증명하는 증인으로서 존재하고자 한다.

자신을 본질적으로 무한한 존재로 생각하는 능동적 자아는 신의 존재를 인정하지 않는다. 이에 반해 악마적인 절망에 빠진 수동적 자아는 자신의 유한성을 인정하면서 무한한 존재인 신이 있거나 있을 수 있다고 생각하지만, 신의 도움을 거부하고 오히려 자신과 세상을 그렇게 불합리하게 창조한 신을 저주한다.

악마적인 절망에 빠진 사상가나 사람의 예를 찾기는 쉽지 않다. 다만 이청준의 『벌레 이야기』와 이 소설을 영화화한 《밀양》의 주인공 신애에게서 유사한 예를 찾아볼 수 있지 않을까 한다.

서울에 살던 신애는 남편이 죽은 후, 어린 아들 준과 함께 남편의 고향인 밀양으로 내려가 산다. 그러나 얼마 지나지 않아 아들 준이 유괴되어 살해당하면서 절망에 빠지게 된다. 그러던 신애는 우연히 참석하게 된 교회 기도회에서 신의 현존을 느끼게 된다. 그 후 신애는 '원수를 사랑하라'라는 신의 말씀을 실천하기로 다짐하고, 감옥에 수감되어 있는 살인범을 찾아가 '신의 사랑을 전해 주러 왔다'라고 말한다. 그러나 살인범은 신애에게 자신이 감옥에 들어온 후 그리스도교를 믿으면서 이미 신이 자신을 용서하고 구원했다는 확신을 갖게 되었다고 말한다.

이 말을 들은 신애는 오히려 고통과 분노를 느낀다. 신애는 왜 고통과 분노를 느꼈을까? 아마 신애는 살인범으로부터 '자신을 용서해 주어서 고맙다'라는 말을 듣고 싶었을 것이다. 신애는 살인범에게 용서를 베풀 수 있는 자는 신이 아니라 자기 자신이라고 생각했던 것이다. 신애는 신이 자신의 양해도 구하지 않고 자신의 아들을 살해하고 자신에게 그렇게 큰 고통을 주었던 살인범에게 용서와 구원을 베풀었다는 사실에 대해서 분노했던 것이다. 그녀는 아무런 죄도 없는 아들은 살해당하게 내버려 두었으면서도 살인범에게 용서를 베풀고 마음의 안식과 기쁨을 준 신, 즉 불공정하기 짝이 없는 신에게 분노를 느꼈다.

이는 그녀의 마음에 살인범에 대한 원한이 여전히 강하게 존재했다는 사실을 의미한다. 아마도 신애는 살인범이 미리 신의 용서를 받지 않고 자신으로 인해 신을 믿고 마음의 평안을 얻었다고 해도, 그 살인범에 대한 원한과 분노에서 벗어나지 못했을 것이다. 그녀는 죽은 아들에 대한 집착에서 아직 벗어나지 못했고, 신에게 자신을 온전히 내맡기지 못했다. 인간에게 영원한 행복을 줄 수 있는 유일한 존재는 신이라는 사실을 아직 절실히 깨닫지 못했던 그녀에게는 아직 신에 대한 원망이 존재했던 것이며, 그것이 살인범에게 은혜를 베푼 신에 대한 분노로 표출되었던 것이다.

신에게 아들을 죽인 죄인을 용서할 권리를 빼앗긴 신애는, 자신에게 어떤 저주가 내리더라도 신을 증오하고 신에게 복수하는 인간으로서 살아가겠다고 결심한다. 신애는 CD 가게에서 '거짓말이야'라는 노랫말이 반복적으로 나오는 〈거짓말이야〉라는 노래의 CD를 훔쳐서 그리스도교 행사에서 튼다. 이렇게 신애는 신과의 투쟁을 시작한다. 그녀는 아내가 있는 교회 장로를 유혹하지만 실패한다. 신과의 투쟁이 실패로 끝난 후, 그녀는 자살을 기도하지만 실패하고 정신병원에 입원하게 된다.

영화 《밀양》에서 보듯이 악마적인 절망은 본인 스스로는 아무 잘못도 없는데 큰 불행을 겪어야만 했던 사람들이 빠질 수 있는 절망이라는 생각이 든다. 그것은 세상의 불합리에 대한 분노로 나타날 수 있으며, 세상을 그렇게 불합리하게 창조한 신에 대한 분노로 나타날 수 있다.

그러나 신에 의해서 창조된 자로서의 인간은 오직 신에 귀의하는 것에 의해서만 진정한 자기가 될 수 있다. 따라서 능동적인 자아에 의한 남성적인 절망의 형태로이든 수동적인 자아에 의한 악마적 절망의 형태로이든 신에게 반항하는 자는 자신의 진정한 가능성에 대해서 자신을 폐쇄한다고 볼 수 있다. 그는 구원에의 길 앞에서 스스로를 닫아 버리고, 자신이 스스로를 정립했다고 생각하면서 자신의 절망을 자신의 힘으로 극복하려고 한다. 그러나 이러한 사람은 자신의 절망을 아무리 극복하려고 해도 결국은 더욱더 깊이 절망에 빠질 뿐이다.

3장

—

절망은 죄이다

1. 신에 대한 신앙을 통한 유한성과 무한성의 진정한 종합

앞에서 보았던 것처럼 사람들은 보통 유한성과 필연성에 빠져 있거나, 아니면 유한성을 무시하고 무한성으로 도피한다. 사람들은 사멸할 운명인 유한한 육체 안에 무한성과 영원성을 구현하려 하지 않는 것이다. 이렇게 유한성 안에 무한성을 구현하기 위해서는 유한성과 죽음마저도 긍정하고 껴안을 정도로 정신이 무한히 넓고 강해져야만 한다. 이렇게 넓고 강한 정신은 유한한 것들에 자신을 강제하는 정신이 아니라, 그것들을 모두 감싸안는 무한한 사랑의 정신이다. 키르케고르는 이렇게 유한성과 죽음마저도 흔쾌하게 받아들이면서 포용할 정도의 폭넓고 강한 정신이 신에 의해서만 주어질 수 있다고 본다. 따라서 키르케고르는 인간이 자신의 유한성을 인정하면서도 무한성과 영원성을 획득할 수 있는 유일한 길로서 신에 대한 신앙을 들고 있다.

이 경우 무한성과 영원성은 속물적인 인간이 생각하는 무한성과 영원성과는 다른 것이다. 속물적인 인간은 무한성을 자신이 하고 싶은 모든 것을 다할 수 있는 능력이라고 생각하고, 영원성은 죽지 않고 영속하는 것이라고 생각한다. 이에 반해 진정으로 넓고 강한 정신이 생각하는 무한성은 유한한 모든 사물과 사건 그리고 죽음까지도 긍정하면서 포용할 정도의 무한히 넓은 마음의 상태이며, 영원성은 유한한 세계에서 일어나는 그 어떠한 불행에도 불구하고 평온한 기쁨을 유지할 수 있는 강한 마음의 상태이다. 유한성을 수용하고 긍정하는 넓고 강한 정신이야말로 진정한 의미에서 무한하면서도 영원한 정신인 것이다.

키르케고르는 이렇게 무한하고 영원한 정신은 인간이 자

신의 유한성과 무력함을 인정하면서 자신을 진정으로 무한하고 영원한 존재인 신에게 내맡길 때 주어진다고 본다. 우리는 흔히 우리의 육체와 우리에게 우연히 주어진 것에 불과한 성격과 소질과 재능을 우리 자신과 동일시하면서 그것에 집착하고 그것이 어떻게든 영원히 존재하기를 희구한다. 그러나 우리는 그것들의 무상함을 깨닫고 자신을 신에게 열어야 한다.

키르케고르에게 죄란, 신 앞에서 또는 신에 대한 관념을 가지고 있으면서도 자신의 몸과 성격과 소질 그리고 재능 등을 자신의 본질이라고 생각하면서 자신과 타인을 끊임없이 비교하고 타인들에 비해서 우월한 지위를 확보하려고 하는 것이다. 인간은 자신의 죄성을 철저하게 깨닫고 참회하면서, 진정한 의미의 무한한 존재인 신 안에서 살려고 노력해야 한다.

신이 진정한 의미의 무한한 존재인 것은, 인간은 자신이 생각하는 모든 가능성을 실현할 수는 없는 반면에, 신은 어떠한 가능성도 실현할 수 있기 때문이다. 진정으로 무한하고 영원한 존재인 신만이 유한성 안에 무한성과 영원성을 실현한다는 모순적인 과제를 구현할 수 있다. 왜냐하면 신에게는 모든 것이 가능하기 때문이다.

인간은 신에게 귀의함으로써 무한한 내적인 자유와 기쁨을 경험한다. 따라서 인간이 자신의 유한성을 인정하면서 자각적으로 신 안에 근거할 경우에만, 인간은 자신에게 과해진 과제, 즉 유한성과 무한성을 종합한다는 과제를 실현하면서 마음의 평안을 얻을 수 있다.

키르케고르의 이러한 입장은 이미 아우구스티누스와 같은 그리스도교 사상가에게서 볼 수 있다. 아우구스티누스는 '우리는 신 안에서 안식을 얻기 전까지는 평안할 수 없다'라고 말하고 있다. 오직 신만이 죽음으로 끝나는 유한하고 덧없는 현실에서 그 어떠한 경우에도 마음이 흔들리지 않는 영원성과 평온을 우리에게 선사할 수 있다는 것이다. 아울러 신은 우리가 현실에서 접하게 되는 그 모든 존재자와 사건을 신에게서 비롯된 것으로서 껴안고 긍정하는 넓은 마음을 선사한다.

그런데 이 경우 신은 이원론이 상정하는 것처럼 차안과 대립된 피안에 거주하는 신이 아니라, 차안에서 역사(役使)하는 신이다. 이러한 신은 영원한 신이지만, 이 경우 영원이란 죽지 않고 무한하게 존속하는 것을 의미하는 것이 아니라 오히려 시간을 초월한 것이다. 그것은 이렇게 시간을 초월했다고 해서 시간을 배제하고 그것과 대립되는 것이 아니라 시간을 자신에게서 비롯되는 것으로 포용하는 것이다. 이렇게 그것은 시간을 초월해 있기에, 특정한 시간에 구애받지 않고 어떠한 시간에도 이미 우리에게 다가와 있다.

신적인 영원은 이렇게 시간을 넘어서 있고 시간적인 변화에 영향을 받지 않으며 시간을 포용하고 있는 것이기에, 우리가 신에게 귀의하게 될 때 우리는 어떠한 시간적인 변화나 상황에 의해서도 흔들리지 않는 공고한 평정과 충만 그리고 자유를 얻게 된다. 이렇게 신 자체로 초월하여 신 자체로부터 사유하고 행동할 경우에만, 우리는 자신의 사유와 행동에서 무한한 의미를 경험할 수 있다. 그리고 이와 함께 우리가 사는 순간순간은 영원의 무게와 충만을 얻게 된다. 즉 영원으로서의 신 자체가 우리의 사유와 행동을 통해서 시간 속에서 자신을 고지해 오는 것이다.

시간적인 존재인 우리가 영원한 신 자체로 초월함으로써 시간과 영원이 일치하게 되는 이러한 사건을, 키르케고르는 '순간'이라고 부르고 있다. 이러한 '순간'에서 필연성과 자유의 일치, 시간과 영원의 일치가 일어난다. 이러한 '순간'에 인간이 경험하는 영원성은 우리가 임의로 만들어 낸 것이 아니다. 따라서 우리는 그러한 '순간'에 경험하는 영원성과 충만을 신에 의해 주어진 '선물'로 경험하게 된다.

따라서 절망으로부터의 구원은 인간이 자기 자신을 정립한 자가 아니라는 사실을 깨닫고, 자기 자신을 정립한 신에게 자신을 내맡기는 것에 의해서 가능하게 된다. 절망을 완전히 극복한 자아란 자신으로 존재하기를 바라면서도 자기 자신을 정립한 힘 안에 투명하게 근거하는 자아이다. 이 경우 자아는 자신을 포기하는 것도 아니며 자신을 정립한 것 안에 자신을 해체시켜 버리는 것도 아니다. 그것은 오히려 자신을 정립한 것 안에 근거함으로써 자신을 발견한다. 참된 신앙인, 다시 말해 신에게 자신을 온전히 내맡기는 자는 절망에 대한 영원하면서도 확실한 해독제를 가지고 있다.

2. 죄와 신앙

절망은 인간이 정신적인 존재로서 갖는 자유라는 능력을

잘못 사용한 데서 비롯된다. 인간은 동물과는 달리 자신의 삶을 주체적으로 형성해 나갈 수 있지만, 인간은 그러한 자유를 잘못 사용하면서 스스로 절망적인 조건을 조성한다. 죄란 선 자체이자 인간적인 선의 원천인 신을 부정하면서 신이 아닌 상대적인 존재들을 절대시하고 그것들에서 삶의 구원을 찾으려 하는 것이다. 그것은 예를 들어 부나 명예와 같은 세간적인 가치를 절대적인 선으로 치켜올리면서 진정한 의미의 절대자를 망각하는 것이다.

이런 의미에서 키르케고르는 그리스도교의 입장에서 죄를 새롭게 정의한다. 그리스도교에서는 단순히 남에게 해를 끼치는 것이 죄가 아니라 신을 믿지 않는 것이 죄이다. 그리스도교에서 신은 인간을 구원하기 위해서 예수라는 인간의 몸으로 태어났다. 그런데 신이 이렇게 우리를 구원하기 위해서 우리 가까이에 와 있다는 것을 믿지 못하고 신에게 자신을 온전히 내맡기지 못하는 것이 죄이다.

다시 말해서 죄란 인간이 신의 계시를 통해서 죄가 무엇인가를 알게 된 후에도, 신 앞에서 절망하여 신을 믿지 않고 외적인 사물들에 의존하면서 자기 자신의 힘으로 존재하려고 하지 않거나 자기 자신의 힘에 의해서만 존재하려고 하는 것이다. 따라서 죄는 '신 앞에서'의 죄라는 점에서 약함 또는 반항의 정도가 강화된 것, 다시 말해 절망의 정도가 강화된 것이다. 이런 의미에서 죄는 '가중된 절망'이다. 이에 반해 신앙이란 자아가 자신의 삶 전체를 자각적으로 신에 기초하게 하는 것이다. 따라서 죄의 반대는 덕이 아니라 신앙이다. 죄의 반대가 덕이라는 견해는 모든 죄가 신 앞에서 일어난다는 사실을 알지 못하는 이교적인 견해이다.

그리스도교는 신이 인간의 몸으로 태어났다는 것을 믿도록 사람들에게 요구하지만, 대부분의 사람들은 이를 믿지 못한다. 키르케고르는 신이 인간으로 태어났다는 사실을 믿는 것을 날품팔이꾼이 자신이 제왕의 사위가 된다는 것을 믿는 것에 비유하고 있다. 날품팔이꾼이 제왕의 사위가 되는 것은 너무나 분에 넘치는 일이다. 그리고 날품팔이꾼으로 하여금 자신이 제왕의 사위가 되는 것을 믿게 할 수 있는 어떠한 사실도 존재하지 않는다. 이 경우 모든 것은 신앙에 달려 있다. 그 경우에도 그는 감히 그것을 믿을 만큼 충분히 '겸손한' 용기가 있을까? 그 정도의 용기를 갖지 않는 자는 좌절하면서 그런 일은 자신이 받아들이기에는 너무 높은 일이라고 고백할 것이다.

그리스도교는 남자이든 여자이든, 대신(大臣)이든 하녀이든 모든 인간이 신 앞에 동등하게 존재하며 신의 사랑 속에 존재한다고 가르친다. 일반적인 사람들은 단 한 번이라도 제왕과 이야기할 수 있다면, 아마도 그것을 다시없는 명예로 생각할 것이다. 그런데 그리스도교는 이러한 인간이 어떤 순간에도 신과 이야기할 수 있고 신의 음성을 들을 수가 있다고 말한다. 요컨대 인간은 신과 가장 친밀한 관계 속에서 살도록 허락되어 있다는 것이다. 그뿐 아니라 그리스도교는 이러한 인간을 위하여 신이 세상에 오셨다고 가르친다. 신은 사람의 아들로 태어나 고난을 받고 돌아가셨다는 것이다. 이 수난의 신이 인간을 향해서 그에게 허락된 구원을 받아들이기를 바라고 있다. 아니 그에게 탄원하고 있다.

이러한 사실을 믿을 수 있는 겸손한 용기를 갖지 못한 자는 누구나 그것 때문에 좌절한다. 이는 그것이 그가 받아들이기에 너무나 높은 것이어서 그것을 이해할 수가 없기 때문이다. 그는 그것을 받아들일 정도로 마음을 열 수가 없다. 그는 신이 그에게 주려고 하는 엄청난 선물을 자신의 좁은 마음 때문에 받아들일 수 없다. 그 때문에 그는 그것을 부정하고 무의미한 것으로 만들려고 한다. 그는 그것이 자신을 질식시킨다고 생각하는 것이다.

키르케고르는 신을 믿지 못하는 이러한 좌절을 질투에 비유하고 있다. 질투란 비뚤어진 경탄이다. 경탄하는 자가 자신이 경탄하는 것에 의해서 행복해질 수 없다고 느낄 때, 그는 경탄의 대상을 질시하게 되는 것이다. 그는 경탄의 대상에 대해서 그것은 실로 시시하고, 우둔하며, 얼빠지고, 기묘할 뿐 아니라, 엉뚱한 것이라고 말하는 것이다.

이런 의미에서 경탄이란 행복한 자기 포기이고, 질시는 불행한 자기주장이다. 키르케고르는 인간관계에서 보이는 경탄과 질투를 신과 인간의 관계에서 경배와 좌절에 비유한다. 신앙인은 신을 경배하면서 신의 위대함과 사랑에 대해 경탄하고, 신 앞에서 자신을 포기함으로써 신의 은총을 얻는다. 이에 반해 불신자는 신을 인간이 만들어 낸 허구로 간주하면서 자신을 주장하지만, 불행에 빠진다.

좌절의 정도는 사람이 경탄에 대한 열망을 얼마나 많이 가

156

지고 있는가에 달려 있다. 공상도 열정도 갖지 않는 산문적인 인간, 즉 경탄할 수 없는 인간도 좌절하는 일은 있다. 그러나 그는 이때 "나는 이런 일은 이해할 수 없다. 나는 그런 일에는 관여하지 않는다"라고 말할 뿐이며 그 이상으로 나아가지 않는다. 그들은 회의론자이다. 그러나 인간이 열정과 상상력을 많이 가질수록, 다시 말해 진정으로 무한한 존재를 찬미하면서 그 앞에 겸손하게 무릎 꿇는 신앙인에 가까워지면 가까워질수록, 좌절도 그만큼 열정적이 된다. 그리하여 그는 우리가 신에 대한 악마적인 저항에서 본 것처럼 자신이 경탄해야 할 것을 뿌리째 뽑고 파괴하고 짓밟지 않으면 견딜 수 없는 것이다.

전통적인 철학에서는 중용을 지키는 것이 덕으로 간주되었지만, 그리스도교는 "도를 넘지 말라"라는 금언을 훨씬 넘어서 배리(背理)적이고 역설적인 것 속으로 자신을 던진다. 바로 여기에서 그리스도교가 시작된다. 그리스도교는 이성을 통해서 변호될 수는 없다. 어떤 사람이 그리스도교적인 것을 합리적인 논변에 의해 변호될 수 있는 것으로 생각한다면, 그는 이미 그리스도교에 좌절하고 있는 것이다.

그리스도교를 합리적인 논변에 의해 변호하려는 자는 그리스도교를 이성적으로 이해할 수 있는 것으로 낮추려는 자다. 그는 사실은 그리스도교에 입맞춤으로써 그리스도교를 배반하는 제2의 유다와 같은 자이다. 무언가를 변호하려는 자는 그것을 변호받아야 할 가련한 것으로 만들면서 그것의 가치를 낮추는 자이다. 따라서 키르케고르는 그리스도교에서 그리스도교를 변호하는 것을 최초로 생각해 낸 사람은 사실상 제2의 유다라고 말한다. 그도 또한 입맞춤으로 배반하는 자라는 것이다.

키르케고르는 신을 합리적인 논증에 의해서 변호하려는 것을, 어떤 사람이 집에 가득 찰 정도의 금을 가난한 사람들에게 나누어 주려고 하면서 자신의 이러한 계획을 여러 이유를 들어 변호하는 것에 비유하고 있다. 그 경우 사람들은 오히려 그가 진실로 좋은 일을 하려고 하는지를 의심하게 될 것이다. 이와 마찬가지로 그리스도교를 변호하려는 자는 사실은 그리스도교를 믿은 적이 한 번도 없는 자이다. 그리스도교를 진정으로 믿는 자의 신앙은 변호가 아니라 공격이며 승리이다. 신앙인은 승리자이다.

이교도도 자연인도 죄가 존재한다는 것은 기꺼이 인정한다. 다만 그리스도교의 신앙은 그들이 받아들기에는 너무나 지나친 것이다. 그들에게 그리스도교는 인간이 믿기 어려운 것을 믿도록 인간에게 요구하는 것이다.

3. 절망의 심화로서의 죄

죄란 인간이 신 앞에서, 즉 신에 대한 관념을 가지고 있으면서도 절망하여 외적인 사물에 의지하여 자기 자신으로 존재하려고 하지 않는 것, 또는 절망하여 자신의 힘에 의해서만 존재하려고 하는 것을 말한다. 따라서 죄는 '신 앞에서' 나 약함이나 반항이 강화된 것, 다시 말해서 절망이 심화된 것이다. 이 경우 '신 앞에서'라는 말이 중요하다. 신은 절대적이고 완전한 존재이기에, 절망하는 자가 '신 앞에' 설 때는 절망이 더욱 심화된다.

키르케고르는 절망의 다양한 유형을 분석하면서 우리들의 삶에서 자아의식이 심화되어 가는 과정을 보여 주었다. 세상에서 자신이 성공적으로 살고 있다고 의기양양해하면서 자신이 절망 속에 있다는 사실을 전혀 알지 못하는 비본래적인 절망의 상태에서 인간은 자신이 영원한 자아를 소유한다는 것에 대해서 전혀 깨닫지 못한다. 이에 반해 세상일이 허망하다는 사실을 깨닫고 좌절하는 본래적인 절망에서 인간은 자신이 자신 안에 영원한 자아를 소유한다는 사실을 깨닫게 된다. 이러한 깨달음 속에서 인간은 보다 심화된 자아의식을 갖게 된다.

비본래적인 절망은 인간이 영원한 자아를 가지고 있다는 사실에 대한 무지에 의해서 지배되고 있다. 이에 반해 본래적인 절망에서는 영원한 것을 포함하고 있는 자아에 대한 관념이 나타났다. 그러나 비본래적인 절망과 본래적인 절망 사이의 이러한 차이에도 불구하고 그것들에서 자아는 아직 자기 자신에 관한 인간적인 관념밖에 가지고 있지 않다. 다시 말해서 그것들에서 자기의 표준은 인간이다.

이제까지의 고찰 전체는 '신 앞에서', 즉 신을 척도로 하여 다시 반복될 때, 새로운 전환을 겪게 된다. 이는 이제까지의 고찰에서 다루어진 자아의식의 심화는 '인간적인 자아' 또는 '인간을 척도로 하는 자아'에서 일어났기 때문이다. 이 자아는 이제 단순히 인간적인 자아가 아니라 신 앞에서의 자아가 된다. 이에 반해 이교도는 자신의 자아를 신 앞에 갖고 있지 않고 인간적인 자아만을 갖는다.

자신이 신 앞에 존재하고 있다는 사실을 자아가 깨닫게 될 때, 다시 말해서 자아가 신을 척도로 하는 인간적 자아가 될 때, 자아는 무한한 실재성을 갖게 된다. 예를 들어 인간이 부모의 말씀을 자신의 삶과 행위의 척도로 삼던 상태에서 벗어나, 보편적인 윤리를 척도로 삼게 될 때 인간은 비로소 자아가 된다. 이러한 자아는 부모의 말씀을 척도로 삼았던 자아보다도 훨씬 더 큰 실재성을 갖는다. 그런데 만일 자아가 신을 자신의 척도로 삼게 된다면, 그것은 이제 무한한 실재성을 갖게 된다. 자아가 신을 자신의 척도로 삼게 된다는 것은 자신 안에 존재하는 이기적인 성향을 극복하고 신의 무한하고 보편적인 사랑을 구현하는 것을 자신의 목표로 갖는다는 것이다.

자아가 대면하는 그 상대는 언제나 자아가 갖는 실재성의 정도를 측정하는 척도가 된다. 같은 종류의 것이 합해질 때만 양이 증대되는 것처럼, 모든 사물은 그것을 헤아릴 때 척도가 되는 것과 질을 같이한다. 신을 척도로 하는 자는 자신이 신과 동질적인 존재라고 느끼며, 신의 뜻을 실현하는 것을 자신의 목표로 삼는다. 즉 그는 신의 뜻을 실현할 때에서야 진정한 의미에서 자기 자신이 된다고 느낀다. 이런 의미에서 척도와 목표는 그것을 척도와 목표로 삼는 사물의 본질과 같다.

신의 관념이 삶에서 차지하는 비중이 크면 클수록 그의 자아도 커지며, 자아가 커질수록 신의 관념도 커진다. 따라서 자아가 단독자로서 신 앞에 서 있음을 의식할 때 비로소 그것은 무한한 자아가 된다. 그리고 이러한 자아가 신 앞에서 죄를 짓는 것이다. 죄는 이렇게 신 앞에서의 죄가 될 때 진정으로 두려운 것이 된다.

그러나 사람들은 이렇게 말한다. "죄는 모두 똑같이 죄이다. 죄는 그것이 신에 대한 것이라고 해서 혹은 신 앞에서 행해진 것이라고 해서 더 커지지는 않는다"라고. 그러나 법학자들도 동일한 범죄라도 그것이 공무원에 대해서 행해진 것인가 아니면 일반인에 대해서 행해진 것인가에 따라서 죄의 정도가 달라지며, 동일한 살인이라도 부모를 살해한 것인가 다른 사람을 살해한 것인가에 따라 죄의 정도가 달라진다는 사실을 인정하고 있다. 이런 의미에서 죄가 신 앞에서 행해질 때 그리고 그것이 신에 대해서 행해질 때 그것은 훨씬 더 큰 죄가 된다.

죄에 관한 교설, 나와 네가 죄인이라는 교설은 무리를 완전히 분산시켜서 단독자로 만드는 교설이다. 그러한 교설은 신과 인간 사이의 질적 차이를 전례(前例)가 없을 정도로 깊이 확립한다. 인간은 죄인으로서 질적인 심연에 의해서 신으로부터 단절되어 있다. 누구나 볼 수 있도록 유리 상자 안에 앉아 있는 인간이라도, 신 앞에 있는 인간만큼 부끄럽지는 않을 것이다. 신은 인간의 구석구석을 꿰뚫어 보고 계신다. 양심과의 관계가 그 사실을 보여 준다. 죄를 범할 때마다 양심을 통해서 즉시 보고서가 작성되며, 그것도 죄를 범한 사람 자신에 의해 작성된다.

따라서 이교 세계에서의 죄는 그리스도교에서에서의 죄처럼 성숙한 성질을 갖지는 않는다. 이교 세계에서 죄는 다른 사람들에게 직접적인 해를 끼치는 것이다. 그러나 그리스도교의 관점에서는 다른 사람들에게 직접적으로 해를 끼치지 않더라도 이기심을 버리지 못하고 남을 시기하고 질시한다면 그 역시 죄인이다. 그리스도교에서 죄는 자아가 자신의 가장 내밀히 숨겨진 소망과 생각에 있어서까지도 신에게 순종해야 할 의무를 알지 못하는 것, 또는 자신만을 중시하면서 그것을 모르는 체하는 것이다.

이교도와 일상적인 인간은 자신의 자아를 신을 척도로 갖지 않고 단지 인간적인 자아만을 척도로 갖고 있기 때문에 남에게 해를 끼치지 않는 것만으로도 선한 인간으로 간주된다. 따라서 이교도는 엄밀한 의미에서는 죄를 범한 적이 없다는 것도 참이다. 왜냐하면 모든 죄는 진정한 의미에서는 신 앞에서 일어나는 것이지만, 그는 다른 사람들 앞에서 죄를 범했을 뿐, 신 앞에서 죄를 범한 것은 아니기 때문이다.

신은 미미한 눈짓으로 자신의 의지를 단독자로서의 개인에게 시사한다. 이러한 눈짓을 재빠르게 포착하여 진심으로 그를 따르려는 민감한 마음이 결여되어 있는 상태가 바로 죄이다. 종종 우리는 비천한 자아에 사로잡혀 간음이나 상해 또는 살인과 같은 죄를 짓는다. 그러나 이렇게 죄를 짓지는 않지만, 더욱더 악성의 죄가 존재한다. 그것은 바로 바리새인으로 사는 죄이다.

성서에서 바리새인은 진정으로 신의 뜻에 의해 사는 것이 아니라 단순히 외적인 율법에 따르면서도 자신이야말로 신의 뜻에 가장 잘 따르는 자라고 착각하는 자이다. 바리새인은 예컨대 자신이 안식일을 잘 지켰고 정해진 시간에 빠짐없이 신을 경배했다고 생각하면서 자신은 죄가 없다고 생각한다. 이렇게 외관만을 중시하기 때문에, 바리새인은 마음속으로는 부정한 짓을 생각하면서도 자신이 외적인 행동을 통해서 부정을 저지르지는 않았기에 자신은 선하다고 생각한다. 키르케고르는 이러한 바리새인의 태도는 신앙으로 가는 길을 원천적으로 막아 버린다고 본다.

우리는 처음에는 자신의 연약함 때문에 죄를 짓는다. 이경우에는 우리는 자신의 연약함을 고백하고 신에게서 용서와 구원을 구하면서, 우리를 죄로부터 해방시켜 줄 신앙으로 나아갈 수 있다. 그러나 우리는 자신의 약함에 절망하여 바리새인이 될 수도 있다. 다시 말해 우리는 자신이 실현해야 할 윤리적 규범의 척도를 신이 아니라 단순히 외적인 규범에서 찾음으로써 자신의 약함을 정당한 것으로 만들어 버릴 수 있다.

'신 앞에서의 단독자'라는 것은 헤겔식의 사변철학이 결코 생각해 낼 수 없는 것이다. 헤겔은 인류의 역사를 절대정신이 자신을 전개해 나가는 역사로 파악하려고 했다. 이 경우 헤겔은 신을 절대정신으로 해석하는 것이지만, 이러한 절대정신은 단독자로서의 개인들과 관계하는 것이 아니다. 그것은 시대정신으로 나타나면서 항상 그 시대의 집단과 관계한다. 포이어바흐나 마르크스는 헤겔의 절대정신을 전체로서의 인류로 대체하면서, 역사를 인류가 지혜나 사랑과 같은 자신의 잠재적인 능력들을 구현해 가는 과정으로 본다. 헤겔에게서든 포이어바흐에게서든 마르크스에게서든, 단독자로서의 개인은 사라지고 집단으로서의 인류만이 존재할 뿐이다.

사변은 단독자로서의 인간을 공상적으로 인류로 보편화하는 것에 지나지 않는다. 바로 이 때문에 사변적인 철학은 '모든 죄는 똑같이 죄이다. 그것이 신 앞에서 일어나든 아니든, 죄가 죄라는 사실에는 변함이 없다'라고 생각한다. 요컨대 그들은 '신 앞에서'라는 규정을 제거하려고 했던 것이며, 이를 위해 보다 높은 지혜를 생각해 내어 세계를 사변적으로 설명하려고 했다. 그러나 그것은 고대의 이교와 다를 바가 없었다.

인간이 그리스도교에 좌절하는 것, 다시 말해 그리스도교를 믿지 못하는 것은 그리스도교가 너무나 어둡고 음울하기 때문이거나 또는 너무나 엄격하기 때문이라고 흔히들 말한다. 그러나 인간이 그리스도교에 좌절하는 것은 그리스도교가 너무 높기 때문이며, 그리스도교의 척도가 인간이 아니라 신이기 때문이다. 그리스도교는 인간을 인간이 이해할 수 없는 위대한 존재로 만들려고 하기 때문이다.

4. 소크라테스의 죄 개념에 대한 비판적 고찰

죄의 원인은 죄를 짓는 자들의 의지에 있다. 그들의 의지는 신의 도움을 외면하고 신을 배반한다. 자아는 신의 관념을 가지면서도 신의 의지를 자신의 의지로 삼지 않으며 신에게 순종하지 않는 것이다.

그리스도교와 달리 소크라테스는 죄란 무지이며 무지에서 비롯되는 것으로 보았다. 그런데 죄에 대한 소크라테스적인 정의가 갖는 난점은 그것이 무지 자체, 무지의 근원 등으로 깊이 파고들지 않았다는 점이다. 그는 우리가 무지를 어떻게 이해해야 하는지를 철저하게 규정하지 않았다. 소크라테스는 무지를 지적으로 이해한다. 그러나 만약 죄가 무지라면 본래

어떠한 죄도 있을 수 없다. 죄는 의식이기 때문이다. 만약 누군가가 무엇이 올바른 행위인지를 몰라서 부정을 행했다면, 우리를 그를 죄인으로 볼 수 없다. 이는 아직 철이 덜 든 어린이가 나쁜 짓을 하더라도, 우리가 그를 도덕적으로나 법적으로 단죄하지 않는 것과 마찬가지이다. 따라서 만약 죄에 관한 소크라테스적인 정의가 정당하다면 죄는 전혀 존재하지 않는 셈이다.

죄를 규정할 때 소크라테스는 의지와 반항이란 요소를 간과하고 있다. 인간이 올바른 행위가 무엇인지를 알면서도 부정을 행한다는 사실을 파악하기에는, 그리스의 이성은 너무나 행복했고 너무나 소박했다. 그리스인들은 사람들이 어떤 행위가 옳다는 것을 이해하면서도 그것을 행하지 못한다는 것을 생각할 수 없었다. 그들은 어떤 사람이 어떤 행위가 옳은 것임에도 그것을 행하지 않은 것은, 그가 그 행위가 옳다는 사실을 제대로 이해하지 못했기 때문이라고 생각했다.

그러나 그리스도교에서 죄란 '신이 예수의 몸을 빌려 자신이 존재한다는 사실을 이미 사람들에게 알려 주었는데도 사람들이 그러한 사실을 모르는 체하는 것'이다. 그리스인들은 사람들이 이렇게 이미 알고 있는데도 모르는 체할 수 있다는 사실을 납득할 수 없었다. 그러나 신이 예수의 몸으로 온 후에 사람들은 그러한 사실을 알면서도 모르는 체하고 있는 것이며 이것이 바로 죄이다. 이런 의미에서 키르케고르는 그리스도교가 이교와 가장 결정적으로 구별되는 점은 바로 죄에 관한 교설에 존재한다고 말하고 있다.

키르케고르는 죄가 어떤 의미에서 무지라는 사실은 부인할 수 없다고 본다. 그런데 이 경우의 무지는 근원적인 무지여서 사람들이 진리에 관하여 전혀 알지 못했고 아무것도 알 수 없었던 것이거나, 아니면 인간이 자신의 인식을 흐리게 만든 결과일 수 있다. 후자의 경우라면 죄는 무지가 아닌 자신의 인식을 흐리게 한 바로 그 행위에 있다. 비록 이러한 점이 인정된다고 하더라도, 대단히 완강하고 집요한 난점이 다시 나타난다. 즉 그가 자신의 인식을 흐리게 만들기 시작한 순간에 자신의 그 행위를 명료하게 의식하고 있었는지 아닌지가 문제가 되는 것이다. 그것을 명료하게 의식하고 있지 못했다면, 그는 인식을 흐리게 만들기 이전에 이미 인식이 어느 정도까지 흐려져 있었던 것이다. 이에 반해 인간이 그의 인식을 흐리게 만들기 시작할 때 이미 그것을 명료하게 의식하고 있었더라면, 그때에 죄는 인식 안에 있는 것이 아니라 의지 안에 있다.

키르케고르는 이러한 사태를, 그리스도가 비천한 종의 형상으로 나타나 이곳저곳을 방황하면서 얼마나 가난했고 경멸받았으며 조롱당하고 침 뱉음을 당했는지를 완전히 이해했다고 단언하는 사람이 부유하게 살면서 마음 편히 잘 지내는 것과 유사한 것으로 보고 있다.

소크라테스적인 정의에 따르면, 누군가가 올바른 일을 하지 않았을 경우에 그는 아직 그것을 이해하지 못한 것이다. 그는 단지 자신이 이해했다고 믿을 뿐이며, 그것을 이해했다는 그의 단언은 착각이다. 단독적이고 현실적인 인간이 전혀 문제 되지 않는 관념의 세계에서는 이행이 필연적으로 일어나며, 이해로부터 행위에로의 이행에는 아무런 어려움도 없다. 이것이 그리스적인 입장이다. 이와 완전히 똑같은 것이 실은 근대 철학 전체의 비밀이다. "나는 생각한다. 그러므로 나는 존재한다." 즉 사유가 존재이다. 따라서 근대 철학은 이교 이상도 이교 이하도 아니며 이교 자체이다.

이에 반해 단독적인 인간이 문제가 되는 현실 세계에서는 인식으로부터 행위에로의 미묘한 이행이 결코 곧장 일어나지 않는다. 오히려 그것은 긴 역사를 갖는다. 인간이 올바른 것을 인식했더라도, 그것을 실천하지 않으면 인식은 효력을 잃기 시작한다. 의지는 인간의 비천한 성질까지도 포함하고 있다. 따라서 인식된 것이 이 비천한 부분의 마음에 들지 않을 경우에는 의지는 잠시 그대로 내버려둔다. 그동안에 인식은 점점 흐려져, 비천한 쪽이 점차로 승리를 차지하게 된다.

순수한 관념의 세계에서는 사유로부터 존재로의 이행이 용이하여 모든 것이 즉시 일어난다. 순수한 관념의 세계에서는 의지가 작용하지 않고, 의지의 비천한 부분이 힘을 발휘하지 못하고 있기 때문이다. 의지의 비천한 부분은 처음에는 인식에 저항하지 않고 멍한 상태로 묵인한다. 그러나 인식이 어느 정도 흐려진 뒤에는, 인식은 의지의 비천한 부분에 완전히 굴복하면서 이것이 원하는 대로 하는 것이 옳다고 인정하게 된다. 대부분의 인간이 이런 식으로 산다. 그들의 윤리적이면서도 종교적인 인식이 그들 안의 비천한 부분이 원하지 않는 결단과 귀결로 그들을 데려가려고 하기 때문에, 그들은 자신들의 비천한 부분을 극복하려고 하는 것이 아니라 오히려 인식을 흐리게 하려고 노력한다.

그리스 정신은 인간이 올바른 것에 대한 지식을 가지고 있으면서도 부정을 행한다는 사실을 인정할 수 있는 용기가 없었다. 그러나 신을 모르는 어떠한 인간도 그리스인들 이상으로 나아갈 수는 없다. 이는 인간은 죄 안에 있기 때문에 자기 자신의 능력만으로는 죄가 무엇인지를 알 수가 없기 때문이다.

그리스도교는 오직 신의 계시만이 죄가 무엇인가를 인간에게 밝혀 줄 수 있다고 본다. 즉 죄란 인간이 올바른 것을 이해하지 못했다는 것이 아니라, 신이 이미 올바른 것이 무엇인지를 가르쳐 주었는데도 인간이 그것을 이해하려 하지 않았다는 것, 즉 그것을 원하지 않았다는 것이다. 따라서 그리스도교에서 죄는 소극적인 것이 아니라 적극적인 것이다. 죄는 인간의 의지박약이나 유한성 또는 무지에서 비롯되는 것이 아니다. 죄는 신이 죄가 무엇인지를 알려 주었는데도 그것을 알려고 하지 않는 적극성이다.

소크라테스는 이해할 수 없다는 것과 이해하려 하지 않는다는 것의 구별에 관해서조차 아무런 설명도 하지 않았다. 소크라테스에 반해, 그리스도교는 인간이 올바른 것을 이해하지 못했다는 것은 그가 올바른 것을 원하지 않았기 때문이라고 본다. 즉 그리스도교는 죄는 무지가 아니라 의지에 존재한다고 보며 신에 대한 반항이라고 보는 것이다.

이렇게 그리스도교는 인간은 올바른 것이 무엇인지를 알면서도 그것을 행하기를 포기하거나 감히 부정을 행한다고 가르친다. 단적으로 말해서 그리스도교의 죄악론은 신이 고발자로서 인간에 대하여 제기한 고소장이다. 그러나 인간은 이러한 사실을 이해할 수 없다. 그 때문에 사람들은 그리스도교를 이해하는 데 좌절한다. 그리스도교적인 것은 믿지 않으면 안 된다. 인간이 인식할 수 있는 것은 인간의 영역 안의 것들뿐이다. 이에 반해 신적인 것에 대한 올바른 관계는 신앙뿐이다.

그리스도교 전체는 믿어야 하는 것이지 개념적으로 파악되는 것은 아니다. 모든 사람이 헤겔처럼 그리스도교적인 것을 개념적인 것으로 파악하는 일에 몰두해 있는 사변적인 이시대에, 키르케고르는 그리스도교적인 것은 개념적으로 파악

될 수 있는 것도 아니며 또한 개념적으로 파악되어야 하는 일이 아니라고 주장한다.

다시 말해 그리스도교적인 것에 대한 약간의 '소크라테스적인' 무지가 필요하다. 소크라테스는 자신이 아테네에서 제일 현명한 자라는 아폴론의 신탁을 친구로부터 전해 듣고 이해할 수 없었다. 그는 자신이 제대로 아는 것이 하나도 없다고 생각했기 때문이다. 신탁의 의미를 이해하기 위해서 소크라테스는 아테네에서 제일 현명하다고 평판이 높은 사람들을 찾아가 자신이 평소 궁금해하던 것들에 대해 물었다. 그러나 이들 역시 소크라테스와 마찬가지로 제대로 알지 못하고 있었다. 그럼에도 그들은 자신들이 잘 알고 있다고 착각하고 있었다. 소크라테스는 이와 함께 신탁의 의미를 깨닫게 되었다. 아테네에서 소크라테스가 제일 현명한 자인 이유는 소크라테스가 다른 사람들보다 더 아는 것이 많기 때문이 아니라, 단한 가지 사실이라도 확실하게 알고 있었기 때문이다. 다른 사람들은 자신들이 무지하다는 것을 몰랐던 반면에, 소크라테스는 자신이 무지하다는 사실을 알고 있었던 것이다.

소크라테스의 무지는 신을 두려워하고 신에 봉사하는 한

방법이다. 소크라테스는 신과 인간 사이에 서서 신과 인간이 하나가 되지 않도록 감시했다. 소크라테스는 무지한 자였으며, 신은 최대의 지자(知者)였다. 그리스도교는 모든 그리스도교적인 것은 오직 신앙에만 존재한다고 가르치기 때문에, 신앙을 헤겔식의 철학적인 사변으로부터 방어하는 무지는 신을 참으로 두려워하는 소크라테스적인 무지밖에 없다.

그리스도교는 죄를 인간의 지성이 파악할 수 없을 정도로 확고하게 적극적인 것으로 정립한 후에, 그 죄를 인간의 지성이 결코 파악할 수 없는 방법으로 제거할 수 있다고 약속한다. 그리스도교는 죄를 적극적으로 정립함으로써 그것을 없애 버린다는 것이 전혀 불가능한 일인 것처럼 생각하게 하지만, 그다음에 다시 속죄를 통해서 죄를 마치 바닷속에라도 던져 버린 것처럼 흔적도 없이 씻어 버리는 것이다.

이처럼 그리스도교가 이교와 결정적으로 구별되는 점은 죄의 개념과 교설에 존재한다. 그리스도교는 이교도가 죄가 무엇인지를 모른다고 생각한다. 뿐만 아니라 그리스도교는 죄가 무엇인지를 인간이 알기 위해서는 신의 계시가 필요하다고 생각한다. 즉 사람들이 피상적으로 생각하는 것처럼 대속(代贖)의 교설이, 즉 신이 예수라는 인간의 형상으로 태어나 인간의 죄를 대신하여 갚았다는 교리가 이교와 그리스도교 사이의 질적인 구별을 형성하는 것은 아니다.

5. 죄인의 드묾

절망은 그 도가 강해질수록 세상에는 드물게 나타난다. 그런데 죄라는 것은 절망의 도가 질적으로 한층 더 강해진 것이다. 이렇게 생각할 때 죄는 아주 드물게 나타나야 할 것이다. 그런데 그리스도교는 모든 사람이 죄인이라고 본다. 이는 실로 기묘한 난점이다.

죄는 이교에서는 전혀 발견될 수 없다. 그것은 그리스도교에서만 발견될 수 있다. 죄란 인간이 신의 계시를 통해서 죄가 무엇인지를 알게 된 후에도 신 앞에서 절망하여 자기 자신으로 존재하려고 하지 않는 것, 또는 절망하여 자기 자신으로 존재하려고 하는 것이다. 그러나 그리스도교인이라도 죄에 대한 이러한 정의가 자신에게 해당될 수 있다고 스스로 확실하게 자각할 정도로 성장하는 일은 극히 드물다.

키르케고르는 이런 의미에서 진정한 의미의 죄인은 극히 드물다고 말하면서, 이를 진정한 시인이 작은 나라에서는 한 시대에 기껏해야 세 명 정도밖에 나오지 않는다는 사태에 비유하고 있다. 그러나 목사는 남아돌 만큼 많다. 시인이 되기 위해서는 천부적인 재능이 있어야 하지만, 목사가 되기 위해서는 시험을 통과하기만 하면 된다. 그러나 참된 목사는 참된 시인보다도 더 드물다.

오늘날 목사가 된다는 것은 특별히 숭고한 일도 아니고 조금도 신비스러운 일이 아니다. 목사는 생계를 위한 직업일 뿐이다. 목사들은 그리스도교를 정당화하거나 사변적으로 파악하려고 한다. 그리고 그것을 설교라고 생각한다. 그러나 이는 그리스도교와는 상관없는 것이다. 거의 모든 그리스도교인의 삶은 그리스도교적인 의미로는 죄라고도 부를 수 없을 정도로 철저하게 무정신적인 것이다.

신앙에 의하지 않는 모든 일은 죄이다. 모든 회개하지 않는 죄는 새로운 죄이며, 자신의 죄를 참회하지 않는 순간순간이 바로 죄이다. 죄인이 새로운 죄에 의해서만 죄가 증대된다고 생각하는 것은 아주 잘못된 생각이다. 오히려 그리스도교적으로 이해하면, 죄 안에 머물러 있는 상태가 바로 죄의 증대이며 새로운 죄이다. 죄 안에 머물러 있는 상태는 개개의 죄보다 더욱 악한 죄이다. 그것은 죄 그 자체이다.

정신으로서 존재하지 않는 인간의 삶은 개개의 단편적인 사건들로 이루어져 있다. 그들은 무언가 좋은 일을 한 다음에는 무언가 잘못을 저지른다. 그들은 이런 식으로 반복한다. 이에 반해 정신의 규정 아래에 있는 모든 실존은 본질적으로 자기 자신 안에 일관성을 가지고 있으며, 동시에 보다 높은 어떤 것, 적어도 어떤 이념을 고수하려는 일관성을 가지고 있다. 이러한 인간은 일관되지 않은 모든 것을 무한히 두려워한다. 만약 조금이라도 일관되어 있지 않은 것이 있다면 그것은 그에게는 엄청난 상실이다. 그는 자아를 상실하고 전체를 잃게 되기 때문이다. 또 일관성을 잃는 순간 그동안 서로 잘 어울려 있던 모든 힘이 반란을 일으켜 서로 싸우게 될 것이다.

자아에게 가장 참혹한 것은 자기 자신과의 어떠한 일치도 발견할 수 없다는 것이다. 따라서 일관되게 선한 삶을 살려고 하는 신앙인은 아무리 작은 죄일지라도 무한히 두려워한다. 왜냐하면 그는 그가 아무리 작은 죄를 지었다 하더라도 무한히 많은 것, 즉 일관성을 잃어야 하기 때문이다. 직접적인 인간, 어린아이 같은 인간은 전체를 잃는 일이 없다. 그들은 단지 단편적인 것만을 잃거나 얻는다. 이는 이들이 어떤 이념을 일관되게 실현하는 것을 삶의 목표로 생각하지 않기 때문이다.

신앙인에 대해서 말했던 것을 그 반대인 신에게 반항하는 악마적인 인간에 대해서도 말할 수 있다. 단 이번에는 죄 그 자체의 일관성에 관해서이다. 술을 마시는 사람이 날마다 취하지 않을 수 없는 것은 하루를 전혀 취하지 않은 상태로 있을 때 찾아들 무기력과 그로부터 야기될 수 있는 모든 결과를 두려워하기 때문이다. 악마적인 인간도 바로 이와 같다. 만약 신을 믿는 탁월한 선인이 악마적인 인간에게 선을, 그의 축복받은 숭고함을 제시하려고 한다면, 그도 역시 "제발 나에게는 아무 이야기도 하지 말아 줘. 제발 나를 약하게 하지 말아 줘!"라고 애원할 것이다. 왜냐하면 악마적인 인간은 악의 일관성 안에 존재하므로 신을 인정할 경우에는 그 역시 전체를 잃는 것이 되기 때문이다.

오직 죄가 계속되는 상태에서만 그는 그 자신이고 동시에 그 자신이라는 느낌을 가질 수 있다. 죄의 상태는 그가 빠져 있는 깊은 바닥에 그를 붙잡아 두고, 신에 대한 반항을 일관되게 강화시키는 것이다. 그를 구해 주는 것은 개개의 새로운 죄가 아니라, 지속적으로 죄 안에 머물러 있는 것이다. 개개의 새로운 죄는 단순히 죄 안에 머물러 있는 상태의 표현에 지나지 않기 때문에, 죄 안에 머물러 있는 상태야말로 본래의 죄이다.

죄 안에 머물러 있는 상태가 죄이며, 이것은 그 자체로 일관적으로 되려고 한다. 그것은 선과는 아무런 관계도 가지려 하지 않고, 때때로라도 다른 이야기에 귀를 기울일 정도로 마음이 약해져서는 안 된다고 생각한다. 그것은 오직 자기 자신의 말만을 들으려 하며 자기 자신 안에 틀어박힌다. 그것은 죄 안에서 악마적인 것의 마지막 힘까지 짜내어 냉혹하고 완강하게 신을 부정한다. 그것은 회개나 은총이라고 불리는 모든 것을 단지 공허하고 무의미한 것으로 간주할 뿐 아니라 오히려 적으로 간주한다. 그것은 마치 선이 유혹으로부터 자신을 보호하려는 것과 마찬가지로, 회개나 은총을 경계를 늦추어서는 안 되는 최대의 적으로 생각한다.

이런 의미에서 메피스토텔레스가 "악마가 절망한 것만큼 비참한 것은 없다"라고 한 말은 아주 정당하다. 왜냐하면 여기서 절망한다는 것은 회개나 은총의 이야기를 듣고 싶을 정도로 악마가 약해져 있다는 의미이기 때문이다. 우리는 죄로부터 죄에 대한 절망에까지 이르는 상승을 이렇게 말할 수 있다. 죄는 선과의 단절이고, 죄에 대한 절망은 회개와 은총으로부터의 단절, 즉 자신이 회개할 수도 없고 은총을 받을 수도 없다고 좌절하는 것이라고 말이다.

그럼에도 불구하고 자신의 죄에 절망하는 자는 자신의 공허함을 잘 의식하고 있다. 자신은 생명의 양식이 되는 것을 하나도 소유하고 있지 않다는 것, 자신의 자아에 관한 관념조차도 전혀 소유하지 않고 있다는 것을 잘 의식하고 있다. 인간의 영혼을 깊이 꿰뚫어 보고 있던 셰익스피어는 왕의 총애를 받았으면서도 왕을 죽이고 왕위를 찬탈한 맥베스로 하여금 이렇게 절규하게 했다.

"이제[그가 왕을 살해한 뒤, 자신의 죄에 절망하고 있을 때]
부터 인생에는 이미 아무런 진실도 없다. 모든 것이 허무하다. 명예도 은총도 사라져 버렸다."

그의 이기적인 자아는 제왕이 됨으로써 명예욕을 최고도로 충족시켰다. 그러나 그는 자신의 죄에 대한 회개와 은총에 절망해 있기에 자기 자신까지도 상실한 것이다. 그는 은총을 붙들 수가 없는 것처럼, 명예욕을 충족시킨 자신의 자아를 향유할 수도 없다.

6. 자기의 죄에 대해 절망하는 죄

훌륭한 인간일수록 자신의 죄 때문에 고뇌한다. 따라서 그가 올바른 방향 전환을 하지 않는다면 그만큼 위험도 커진다. 어쩌면 그는 비애 때문에 어두운 우수의 심연에 빠져 버릴지도 모른다. 그때 좀 모자라는 목사는 그것이 마치 선에서 기인한 것처럼 생각하면서, 그의 영혼의 깊이와 선에 경탄한다.

아마도 그는 "이제 결코 나 자신을 용서할 수 없어!"라고는 말하지 않을 것이다. 그렇게 말하면, 전에는 자신의 죄를 용서한 일이 있는 것이 되며 이는 신을 모독하는 일이기 때문이다. 아니 필시 그는 "신은 결코 자신을 용서하지 않을 것"이라고 말할 것이다. 이 경우 그는 자신이 전혀 죄를 짓지 않을 수 있다고 생각하면서 인간이 신처럼 될 수 있다고 자부하고 있다. 그러나 이러한 오만이 오히려 인간을 죄 속으로 끌어들인다. 인간은 죄를 지을 수밖에 없는 유한한 존재이다. 이러한 사실을 인정하고 항상 회개하고 신의 용서를 구하는 것이 인간에 합당한 태도이다. 이런 맥락에서 고대의 신앙서는 이렇게 가르친다.

"신은 신앙하는 사람이 좌절하여 무언가의 유혹에 빠지는 것을 때때로 모르는 체 내버려둔다. 그것은 신앙하는 사람을 겸손하게 만듦으로써 더욱더 선 안에 존재하게 하기 위함이다."

7. 죄의 용서에 대하여 절망하는 죄(좌절)

죄의 용서에 대한 절망은 절망의 제1 또는 제2의 정식, 즉 약함의 절망이나 반항의 절망 중 어느 쪽으로 환원되지 않으면 안 된다. 즉 그것은 그리스도교를 이해하는 데 좌절하여, 믿을 용기를 잃어버린 약함의 절망이거나 믿으려고 하지 않는 반항의 절망 중 어느 한 쪽이 된다. 죄의 용서에 대한 절망은 반항이다. 왜냐하면 인간이 현재 있는 그대로의 자신으로, 즉 죄인으로 있으려 하면서, 죄의 용서에 대해서 아무것도 알려고 하지 않는 것은 반항이기 때문이다. 신은 그리스도를 통해 인간의 죄를 용서하면서 화해를 제의하지만, 반항하는 자는 그러한 화해를 거부하면서 그리스도교를 허위라고 공격한다.

4장

—

첫 번째 장에 대한 해설

우리는 이 해설을 시작하면서 첫 번째 장에 대한 해설은 가장 나중에 하기로 했었다. 앞에서 말했듯이 첫 번째 장은 키르케고르가 『죽음에 이르는 병』에서 말하고 있는 전체적인 내용의 핵심을 요약한 것이다. 그 내용이 지극히 압축적이고 함축적이기 때문에 『죽음에 이르는 병』을 다 읽은 후에도 이 부분을 이해하기는 쉽지 않다. 여기서는 이 장에 대해서 최대한 평이하게 해설해 보겠다.

우선 첫 번째 장 전체를 인용해 보겠다.

"사람은 정신이다. 그러나 정신은 무엇인가? 정신은 자아이다. 그러나 자아는 무엇인가? 자아는 관계가 자신과 관계하는 관계이다. 관계에는 관계가 자기 자신에게 관계함이 포함되어 있다. 자아는 관계가 아니라, 관계가 자기 자신과 관계하는 것이다.

인간은 무한성과 유한성, 시간적인 것과 영원한 것, 자유와 필연의 종합, 한마디로 말하여 하나의 종합이다. 종합은 둘 사이의 관계이다. 이렇게 보면, 인간은 아직 자아가 아니다. 둘 사이의 관계에서 관계는 부정적 통일로서의 세 번째의 것이며, 둘은 관계에 관계하며 그것도 관계 속에서 관계와 관계하는 것이다. 인간을 영혼이라고 할 때, 영혼과 육체의 관계가 바로 그런 경우이다. 반대로, 만약 관계가 그 자신과 관계를 맺게 될 때, 이 관계는 긍정적인 세 번째의 것이며, 이것이 바로 자아인 것이다.

자기 자신에 관계하는 그러한 관계, 즉 자아는 자기 자신을 정립한 것이거나 또는 타자에 의해서 정립된 것 중 어느 하나가 아니면 안 된다.

그런데 자기 자신과 관계하는 관계가 타자에 의해서 정립된 것일 경우, ─물론 그 관계는 세 번째의 것이다─ 그 관계, 즉 세 번째의 것은 다시 한번 전체 관계를 정립한 것에 관계하는 관계이다. 이렇게 파생되었고 정립된 관계가 인간의 자아이다. 그것은 자기 자신에 관계하면서 타자에 관계하는 관계이다.

따라서 본래적인 절망에는 두 가지 형태가 생겨나게 된다. 인간의 자아가 자기 자신을 정립했다고 했을 경우에는, 절망의 첫 번째 형태, 즉 절망하여 자기 자신으로 존재하기를 바라지 않고, 자기 자신에게서 벗어나려고 하는 형태만이 문제가 될 수 있다. 절망하여 자기 자신으로 존재하기를 원하는 형태가 문제가 될 수는 없는 것이다.

그런데, 자아가 절망하여 자기 자신으로 있기를 원하는 것은 도대체 무엇 때문일까? 그것은 자아라는 전체적인 관계가 완전히 의존적인 것으로, 자신이 자기 자신의 힘으로 균형과 평정에 도달할 수 있는 것이 아니라 오히려 자기 자신과 관계하면서 전체적인 관계를 정립한 것에 관계함으로써만 가능하기 때문이다. 정녕, 이러한 절망의 두 번째 형태[절망하여 자기 자신으로 있기를 바라는 형태]는, 단순히 절망의 한 특별한 형태라기보다는 정반대로 모든 절망이 그 안으로 해소되고 그것으로 환원될 수 있는 것이다."

키르케고르는 인간이 무한성과 유한성으로 이루어져 있다고 말한다. 유한성이란 죽음, 육체, 성격, 국적, 가정환경 등과 같이 우리 인간이 마음대로 할 수 없는 운명적 상황에 처해 있음을 가리킨다. 그에 반해 무한성이란 정신, 영혼, 무한한 것, 완전한 것과 같이 인간이 자신의 운명적 상황에 수동적으로 종속되어 있는 것이 아니라 그러한 상황과 자신을 능동적으로 형성해 나갈 수 있다는 것을 의미한다.

무한성과 유한성은 서로 대립적인 성격을 갖기 때문에 양자를 종합하는 것은 쉬운 일이 아니다. 양자의 종합은 저절로 이루어지는 것이 아니라 적극적인 노력을 통해서 이루어진다. 이렇게 적극적인 노력을 하는 것이 바로 우리의 자아이고, 이러한 자아를 키르케고르는 정신이라고 부르고 있다.

유한성과 무한성, 육체와 영혼은 정신이 양자를 결합하려는 적극적인 노력을 하지 않고 있을 때에도 서로 무관하게 존재하는 것이 아니라 밀접한 연관을 맺고 있다. 이 점에서 키르케고르는 이 양자가 '하나의 관계'로서 존재한다고 말한다. 정신 역시 유한성과 무한성, 육체와 영혼 사이의 관계와 무관하게 독립적으로 존재하는 것이 아니라 그것에 관계하는 것으로서만 존재한다. 이 점에서 키르케고르는 정신을 '관계에 관계하는 관계'라고 부르고 있다.

그러나 우리 인간은 우선 대개는 유한성과 무한성, 육체와 영혼을 적극적으로 종합하는 방식으로 살지는 않는다. 우리 인간은 사회에서 주입하는 가치를 수동적으로 받아들이면서 군중의 일원으로서 살기 때문이다. 인간은 무한성을 세상 사람이 중시하는 유한한 가치들, 즉 부나 명예와 같은 것을 무한히 축적하면 실현할 수 있는 것으로 착각한다. 이 점에서 우리의 삶에서 유한성과 무한성은 우선 대개는 적극적으로 통일되어 있지 않고 소극적으로 통일되어 있을 뿐이다.

인간은 자신에게 주어진 사회적 환경과 제약에 구속받지만, 이러한 유한성을 넘어서 진정으로 무한한 것, 진정으로 선한 것을 구현할 수 있는 가능성을 갖는다. 이렇게 진정으로 무한하고 선한 것을 구현하는 것은 저절로 되는 것이 아니다. 그것을 위해서는 인간의 적극적인 노력이 필요하다. 이러한 노력이 성공할 때에만, 인간은 자신의 삶에 만족할 수 있으며 진정한 자아를 획득할 수 있다. 인간은 이렇게 진정한 자아를 획득하기 전에는 자신의 삶을 산다고 할 수 없다. 그는 진정한 자아로 살지 않고, 군중의 삶에 빠져 자신의 자아를 상실하고 있는 것이다. 인간의 자아는 영구불변의 실체로서 이미 존재하는 것이 아니라 적극적인 노력을 통해서 획득된다.

그런데 유한성과 무한성으로 이루어진 자신의 존재를 문제 삼으면서 그것을 어떻게 종합할 것인지에 대해서 고뇌할 수밖에 없는 자아, 단적으로 말해서 정신으로서의 자아는 그 자신이 스스로 정립한 것이 아니라 신이라는 타자에 의해서 정립된 것이다. 다시 말해 이러한 자아는 신이 창조한 것이다. 따라서 키르케고르는 인간은 자신의 힘만으로는 진정한 종합을 이룰 수 없고 오로지 신에게 귀의하는 것에 의해서만 진정한 종합이 가능하다고 본다.

인간은 신에게 온전히 귀의할 경우에만 진정한 무한성이

무엇인지를 알 수 있다. 그렇지 않을 경우, 인간은 유한한 것에 불과한 것을 무한한 것으로 간주하여 우상 숭배에 빠지거나 갖가지 공상적인 무한성을 진정한 무한성으로 착각하게 된다. 진정한 무한성은 모든 것을 포용하면서 사랑하는 것이다. 이것이 진정한 무한성이며, 인간은 이러한 진정한 무한성을 이루기 위해서는 자신의 이기적인 성향을 온전히 극복하지 않으면 안 된다.

그러나 인간은 스스로의 힘으로 이기적인 성향을 이겨 낼 수 없다. 인간이 할 수 있는 것은 자신의 이기적인 성향을 자각하고 참회하면서 신의 용서를 구하는 것이다. 이렇게 자신을 비울 때 이미 우리에게 다가와 있는 신이 자신의 진정한 무한성을 우리에게 선사한다. 이러한 사태를 그리스도교에서는 은총이라고 부른다. 이렇게 신의 용서를 비는 참회와 신의 은총에 의해서만 인간은 자신이 처한 유한한 상황에서 진정한 무한성을, 즉 무한한 선을 실현할 수 있다. 즉 유한성과 무한성의 진정한 종합을 성취할 수 있는 것이다.

절망에는 비본래적인 절망과 본래적인 절망이 있다. 비본래적인 절망은 '천진난만한 직접성 속에서 사는 것'이고, 본래적 절망은 '절망하여 자기 자신으로 존재하기를 원하지 않는 여성적인 절망', '절망하여 자기 자신으로 존재하기를 원하는 남성적인 절망'으로 나뉜다.

'천진난만한 직접성 속에서 사는 것'이란 세간적인 가치에 따라서 사는 자신의 삶에 만족하는 것이다. 그는 진정한 자기가 되려고 하지 않으며 어떻게 살 것인지를 고뇌하지 않는다. 그것은 아무런 반성 없이 단순히 세간적인 가치에 추종하거나 무한한 공상의 세계 속에 빠져 있다. 이러한 절망을 키르케고르는 비본래적인 절망이라고 본다. 이러한 삶에서는 유한성과 무한성을 적극적으로 종합해야만 하는 정신으로서의 자아가 아직 일깨워지지 않았으며, 육체와 영혼은 적극적으로 통일되어 있는 것이 아니라 단순히 함께 있을 뿐이다. 이러한 상태에서 사람들은 군중의 일원으로 살 뿐이다.

본래적 절망에서는 정신이 일깨워지고 자기 자신의 존재를 적극적으로 문제 삼는다. 정신은 무한성을 유한한 세계 안에 구현하려고 하면서 무한성과 유한성을 적극적으로 종합하려고 하지만, 이러한 종합을 신의 도움 없이 스스로의 힘으로 행하려고 한다.

'절망하여 자기 자신으로 존재하기를 원하지 않는 상태'의 대표적인 예로는 삶의 유한성을 자각하고 세간적인 가치의 허망함을 깨닫지만 자신을 이러한 허망함에서 구해 줄 출구가 없다고 체념하는 허무주의적 염세주의를 들 수 있다. 허무주의적 염세주의자는 신만이 그러한 출구가 될 수 있다는 사실을 알지 못한다. 그는 인간을 정립한 존재가 신이라는 사실을 깨닫지 못하고 인간은 오직 자기 자신의 힘으로 살 수밖에 없다고 생각한다. 그러나 그는 인간은 삶의 허망함을 극복하기에는 무력하다고 생각하면서 결국 절망에서 벗어날 수 있는 길은 자기를 제거하는 길밖에 없다고 생각한다. 그는 자기 자신으로 존재하는 것을 원하지 않는 것이다.

이렇게 절망하는 자는 궁극적으로는 영원한 것에 절망하고 있다. 그는 우리에게 구원과 위안을 가져다줄 수 있는 것은 영원한 것이라는 사실을 알지만, 그러한 영원한 것이 존재한다는 사실을 인정하지 못한다. 이 점에서 허무주의적 염세주의자는 지상의 모든 것이 허망하다고 생각하면서 절망하지만, 지상의 것들에 대한 이러한 절망은 결국은 영원한 것이 존재하지 않는다는 사실에 대한 절망이다.

이와 달리 '절망하여 자기 자신으로 존재하기를 원하는 절망'의 대표적인 예로는 인간이 스스로의 힘으로 유한성을 극복하고 무한성을 실현할 수 있다고 자만하는 것을 들 수 있다. 이러한 상태에서 자아는 자신 안에 깃들어 있는 영원성과 무한성의 요소를 인식하고 그것을 자신의 진정한 자아로 받아들이면서 열정적으로 실현하려고 한다.

포이어바흐와 마르크스 같은 무신론자 내지 반(反)신론자들이 바로 이러한 절망 상태에 빠져 있다. 이들은 신은 인간이 만들어 낸 한갓 허구에 불과하다고 보면서 무신론을 주장하는 것을 넘어 인간의 무한한 가능성을 주장하면서, 인간이 자유롭기 위해서는 인간의 일에 개입하는 신은 제거되어야 한다는 반(反)신론마저 표방한다.

이들은 인간이 기본적으로 이기적이고 자기중심적인 존재라는 사실을 부인하고, 인간이 무한한 선을 구현할 수 있다고 생각한다. 무한한 선을 유한한 현실 속에 구현하려고 한다는 점에서는 이들은 진정한 그리스도교인과 동일하다. 그러나 진정한 그리스도교인이 자신의 죄를 절감하면서 참회하는 반면에, 이들은 인간은 원래 선한 존재라고 보면서 참회하기를 거부한다. 이들은 참으로 선이 지배하는 사회를 만들기 위해서는 인간 개개인의 참회와 인간 개개인의 진정한 변혁이 필요하다는 사실을 깨닫지 못한다.

오히려 이들은 자신들이야말로 무한한 선성을 대변한다고 생각하면서 신이 만든 이 불합리한 세상보다도 더 합리적인 세상을 만들 수 있다고 생각한다. 이들의 오만은 결국은 현실 사회주의에서 보이듯이 그들에 반대하는 자들을 모두 악한 세력으로 몰아서 처단하는 전체주의적 지배를 낳는다. 인간과 사회를 변혁하려는 그들의 열정은 자신들이야말로 가장 선하고 정의로운 자들이라고 자처하는 독선적인 광기로 변하는 것이다. 자신의 이기성과 죄성을 자각하면서 참회하는 겸손을 결여한 윤리적 자아는 모든 사람에게 자신의 이념을 강제하는 전체주의적 지배를 추구한다.

이런 의미에서 키르케고르는 이렇게 인간의 무한한 선성을 주장하면서 신에게 저항하는 절망이야말로 절망이 취할 수 있는 가장 정신적인 절망이라고 말한다. 이러한 절망은 비본래적인 절망처럼 무정신성의 절망이 아니라 정신의 절망이지만, 이러한 정신은 왜곡된 정신이다.

키르케고르는 모든 절망이 결국은 신이 존재하지 않는다고 생각하면서 인간이 모든 문제를 해결할 수 있다고 보는 믿음에 입각해 있다고 본다. 그리고 이러한 믿음을 극단에 이르기까지 밀고 나간 것이 바로 신에게 반항하는 남성적 절망이라고 본다. 이 점에서 키르케고르는 모든 종류의 절망은 남성적인 절망으로 환원될 수 있고 소급될 수 있다고 말한다. 허무주의적 염세주의라는 것에도 결국은 인간을 구원할 수 있는 것은 인간뿐이고 신은 없다고 보는 인간에 대한 오만이 잠재해 있다. 이 점에서 허무주의적 염세주의는 언제든지 신에게 저항하는 남성적 절망으로 변화될 수 있다. 나 역시 고등학교 당시에는 허무주의적 염세주의에 빠졌다가 대학에 들어와 신에게 반항하는 마르크스주의자가 되었던 경험을 생각해보면, 키르케고르의 형안이 놀라울 뿐이다.

절망은 흔히 생각하듯 세간의 일이 실패하는 것에서 생기는 것이 아니다. 예를 들어 그것은 사업의 실패나 가족의 불행에서 비롯되는 것이 아니다. 그것은 결국은 우리가 신에게 귀의하여 유한성과 무한성을 종합한다는 과제에 실패하는 데서 비롯된다. 신에게 진정으로 귀의하는 자는 설령 사업이 실패하고 가족이 불행에 빠져도 절망하지 않고 행복할 수 있다.

이런 의미에서 절망은 외부에서 오는 것이 아니라 우리 내부에서 온다. 인간이 자신의 유한성과 죄성을 자각하고 신에게 귀의하지 않는 한, 인간은 자신의 유한한 삶에 무한성을 깃들게 할 수 없다. 자아가 신 앞에서 자신의 유한성과 죄성을 투명하게 자각하면서 신에게 자신을 여는 순간이 바로 유한성과 무한성이 진정으로 종합되는 순간이다. 따라서 절망을 완전히 극복한 자기란 자기 자신을 정립한 신에 근거하면서 자기 자신을 종합하는 진정한 자아이다. 남성적 절망에 빠져 있는 자기는 자신의 힘으로 육체와 영혼의 균형을 확보하려고 하지만, 그리스도교적 자기는 자기라는 관계를 정립한 신에 귀의함으로써 자기의 균형을 찾으려고 한다.

절망할 때 우리는 자신에게 닥친 어떤 불행 때문에 절망하는 것이 아니라 사실은 자기 자신에 대해 절망한다. 왕이 되지 못해 절망하는 자는 왕이 되지 못했다는 사실에 절망하는 것이 아니라 왕이 되지 못한 자기 자신에게 절망한다. 그 결과 절망에 빠진 자는 자기를 참을 수 없게 되어 자신으로부터 벗어나고 싶어 한다. 그리하여 그는 상상의 세계나 광기 속으로 도피하거나 자살이라는 극단적인 선택을 택하기도 한다. 자신에게 절망하여 자신으로부터 벗어나려는 것이 '절망의 공식'이다. '절망하여 자기 자신으로 존재하기를 원하지 않는 자' 못지않게 '절망하여 자기 자신으로 존재하기를 원하는 자' 역시 이러한 절망의 공식에 의해서 지배되기는 마찬가지이다. 그가 되고 싶어 하는 자기는 그를 정립한 신이 그가 되도록 요구한 진정한 자기가 아니다. 따라서 그 역시 자기 자신에 절망하면서 자신에게서 벗어나려는 것이다.

5장

—

나오면서: 절망을 통과하는 신앙

근대 철학의 비조로 간주되는 데카르트는 방법적 회의를 통해서 신의 존재를 증명할 수 있다고 보았다. 그의 증명을 우리는 다음과 같이 정리할 수 있을 것이다.

"우리는 모든 것을 의심해도 우리에게 '완전함'이란 관념이 존재한다는 사실을 의심할 수는 없다. 그런데 우리 인간은 불완전한 존재이기에 이러한 관념은 인간이 만들어 낸 것일 수 없다. 따라서 그러한 관념은 완전한 존재가 외부에서 우리에게 부여한 것임에 틀림없다. 따라서 완전한 존재인 신은 존재한다."

키르케고르가 보기에 이러한 데카르트식의 회의와 논증은 우리 삶에는 아무런 충격도 변화도 일으킬 수 없는 지적 유희에 지나지 않는다. 이러한 회의와 논증에는 자신의 인격 전체를 거는 어떠한 선택도 존재하지 않는다. 그것에 존재하는 것은 사유의 연역적인 추리일 뿐이다. 그러나 그러한 추리를 하든 하지 않든 우리의 인격은 근본적으로 어떠한 변화도 겪지 않으며, 우리는 그전의 일상적인 삶을 계속할 뿐이다.

이에 반해 우리가 절망적인 좌절감에 사로잡힐 때, 인격은 충격을 받는다. 절망하면서 우리는 자신을 상실할 것인지 아니면 자신을 획득할 것인지의 기로에 서게 된다. 절망은 한갓 지성적인 사유만이 아닌 인격 전체에 관련되어 있다.

데카르트식의 비인격적인 회의에서 출발하면서 우리는 추론의 종점에서 절대자를 발견할 수도 있지만, 그럼에도 우리는 여전히 가장 심한 절망 상태에 빠져 있을 수 있다. 이런 의미에서 데카르트식의 방법적 회의란 사실은 절망의 비본래적인 양식이다. 다시 말해 그것은 자신이 절망하고 있다는 사실을 모른 채로 절망하고 있는 것이다. 데카르트뿐 아니라 데카르트에서 헤겔에 이르는 근대 철학은 회의를 통하여 최고의 확실성에 도달하려고 하지만, 이러한 사변적인 방법은 절망을 극복할 수 없기 때문에 결국은 파산하고 만다.

회의는 구체적 실존을 고려하지 않는 객관적인 과학을 위한 자극제가 될 수는 있다. 물론 과학은 자기 나름대로의 권리를 갖는다. 그러나 그것은 철학의 자명한 단서로 간주되어서는 안 된다. 오히려 철학은 과학이 갖는 권리와 한계를 자신의 보다 높은 입장에서 해명해야만 한다. 키르케고르는 철학이란 세계에 대한 객관적인 규명을 넘어서 인간 실존의 변화, 즉 교화를 목적으로 한다고 보았다. 철학은 하나의 인간이 진정한 자신을 발견하는 데 도움이 되어야 한다는 것이다.

철학이 과학을 본으로 삼으려 하고 회의를 자신의 출발점으로 삼게 되면, 철학은 인간 존재의 실상을 놓치게 된다. 더 나아가 회의를 출발점으로 하는 철학적인 사유란 절망에서 도피하려는 시도에 불과하다. 그것은 세계에 대한 하나의 지적인 체계를 건립함으로써 자신이 인생과 세계를 이해하고 있다고 착각하는 무한성의 절망의 한 형태이다. 따라서 철학이 출발점으로 삼아야 하는 것은 회의가 아니라 절망이다. 절망을 극복하기 위해서 필요한 것은 무엇보다도 우리가 자신이 절망 속에 있음을 인정하는 것이다. 이러한 절망은 한갓 지성적인 사유가 아니라 인격 전체에 관련되는 것이다. 따라서 그것은 오직 신앙처럼 자신의 인격 전체를 거는 실존적 수행에 의해서만 극복될 수 있다.

키르케고르에게 절망은 궁극적으로는 신 앞에서 자기 자신으로 존재하려고 하지 않거나 자기 자신으로 존재하려고 하는 상태이다. 동물은 신이란 관념을 가질 수도 없기 때문에 절망할 수도 없다. 따라서 키르케고르는 절망적인 좌절감에 빠진다는 것은 양의적인 성격을 갖는다고 본다. 절망적인 좌절감에 빠질 수 있다는 것은 인간이 자신을 상실할 수 있다는 것을 의미한다. 그러나 다른 한편으로 그것은 인간이 동물과는 달리 정신적 존재라는 것을 의미한다. 이에 반해 동물은 정신을 갖지 않기에 절망할 수도 없다.

이 점에서 키르케고르는 절망할 수 있다는 점에 인간의 대단한 우월함이 존재한다고 말한다. 그것은 인간이 직립해서 걸을 수 있다는 점보다도 훨씬 더 본질적으로 인간의 우월함을 나타낸다. 왜냐하면 그것은 정신적인 존재인 인간의 무한한 직립과 숭고함을 의미하기 때문이다. 이러한 병에 걸릴 수 있다는 점이 그리스도교인이 일반인들보다도 우월한 점이며, 이 병으로부터 벗어날 수 있다는 것이 그리스도교인의 행복이다.

키르케고르는 절망하는 것은 병이지만 동시에 신의 선물이라는 변증법적인 성격을 가지고 있다고 말한다. 이는 인간은 자신이 절망하고 있다는 사실을 인정할 경우에만 절대자에게 도달할 수 있기 때문이다. 따라서 자신이 절망하고 있다는 것을 아무런 가식 없이 인정하는 사람은 자신이 절망하고 있다고 생각하지 않는 사람들보다도 더 구원에 가깝다. 자신이 절망 속에 있음을 알지 못하는 무정신의 상태에서 인생의 기쁨이나 걱정에 마음을 빼앗긴 채로 나날을 보내고 있는 사람이야말로 자신의 인생을 헛되이 보내고 절망하고 있는 것이다. 그는 절망으로부터 치유되기를 원하지 않지만, 절망으로부터 치유되기를 원하지 않는 것보다 위험한 병도 없다. 병에 걸렸으면 나아야 한다. 병 그 자체가 불행이기 때문이다.

키르케고르는 당시 대부분의 그리스도교인이 진정한 의

미의 그리스도교인이 아니라 사실은 천진무구한 직접성의 상태에 자족하는 '비본래적 절망'의 상태에 있다고 보았다. 그리스도교가 국교로 인정되고 있었던 당시의 사회에서 신앙이란 사회적으로 인정받기 위한 수단적인 가치밖에 갖지 못하고 있었다. 사람들은 어릴 적에 세례를 받고 주일마다 교회를 다니는 것으로 자신들이 이미 진정한 그리스도교인이 되었다고 생각하고 있었다. 사람들은 신에게 온전히 자신을 내맡김으로써 진정한 무한성과 절대성을 구현하지 못하고 사실은 유한성에 빠져 있었던 것이다.

키르케고르가 '절망을 통과하는 신앙'을 설파했던 것은, 이러한 안이한 풍조를 극복하고 사람들로 하여금 진정한 의미의 가능성과 무한성인 신에게 자신을 내맡김으로써 참된 행복과 충만 그리고 참된 자기 자신을 구현하도록 촉구하기 위해서였다.

[세창명저산책]

001 들뢰즈의 『니체와 철학』 읽기 · 박찬국
002 칸트의 『판단력비판』 읽기 · 김광명
003 칸트의 『순수이성비판』 읽기 · 서정욱
004 에리히 프롬의 『소유냐 존재냐』 읽기 · 박찬국
005 랑시에르의 『무지한 스승』 읽기 · 주형일
006 『한비자』 읽기 · 황준연
007 칼 바르트의 『교회 교의학』 읽기 · 최종호
008 『논어』 읽기 · 박삼수
009 이오네스코의 『대머리 여가수』 읽기 · 김찬자
010 『만엽집』 읽기 · 강용자
011 미셸 푸코의 『안전, 영토, 인구』 읽기 · 강미라
012 애덤 스미스의 『국부론』 읽기 · 이근식
013 하이데거의 『존재와 시간』 읽기 · 박찬국
014 정약용의 『목민심서』 읽기 · 김봉남
015 이율곡의 『격몽요결』 읽기 · 이동인
016 『맹자』 읽기 · 김세환
017 쇼펜하우어의
　　『의지와 표상으로서의 세계』 읽기 · 김 진
018 『묵자』 읽기 · 박문현
019 토마스 아퀴나스의 『신학대전』 읽기 · 양명수
020 하이데거의
　　『형이상학이란 무엇인가』 읽기 · 김종엽
021 원효의 『금강삼매경론』 읽기 · 박태원
022 칸트의 『도덕형이상학 정초』 읽기 · 박찬구
023 왕양명의 『전습록』 읽기 · 김세정
024 『금강경』 · 『반야심경』 읽기 · 최기표
025 아우구스티누스의 『고백록』 읽기 · 문시영
026 네그리 · 하트의
　　『제국』 · 『다중』 · 『공통체』 읽기 · 윤수종
027 루쉰의 『아큐정전』 읽기 · 고점복

028 칼 포퍼의
　　『열린사회와 그 적들』 읽기 · 이한구
029 헤르만 헤세의 『유리알 유희』 읽기 · 김선형
030 칼 융의 『심리학과 종교』 읽기 · 김성민
031 존 롤즈의 『정의론』 읽기 · 홍성우
032 아우구스티누스의
　　『삼위일체론』 읽기 · 문시영
033 『베다』 읽기 · 이정호
034 제임스 조이스의
　　『젊은 예술가의 초상』 읽기 · 박윤기
035 사르트르의 『구토』 읽기 · 장근상
036 자크 라캉의 『세미나』 읽기 · 강응섭
037 칼 야스퍼스의
　　『위대한 철학자들』 읽기 · 정영도
038 바움가르텐의 『미학』 읽기 · 박민수
039 마르쿠제의 『일차원적 인간』 읽기 · 임채광
040 메를로-퐁티의 『지각현상학』 읽기 · 류의근
041 루소의 『에밀』 읽기 · 이기범
042 하버마스의
　　『공론장의 구조변동』 읽기 · 하상복
043 미셸 푸코의 『지식의 고고학』 읽기 · 허 경
044 칼 야스퍼스의 『니체와 기독교』 읽기 · 정영도
045 니체의 『도덕의 계보』 읽기 · 강용수
046 사르트르의
　　『문학이란 무엇인가』 읽기 · 변광배
047 『대학』 읽기 · 정해왕
048 『중용』 읽기 · 정해왕
049 하이데거의
　　「"신은 죽었다"는 니체의 말」 읽기 · 박찬국
050 스피노자의 『신학정치론』 읽기 · 최형익

051 폴 리쾨르의 『해석의 갈등』 읽기 · 양명수

052 『삼국사기』 읽기 · 이강래

053 『주역』 읽기 · 임형석

054 키르케고르의
『이것이냐 저것이냐』 읽기 · 이명곤

055 레비나스의 『존재와 다르게—본질의 저편』
읽기 · 김연숙

056 헤겔의 『정신현상학』 읽기 · 정미라

057 피터 싱어의 『실천윤리학』 읽기 · 김성동

058 칼뱅의 『기독교 강요』 읽기 · 박찬호

059 박경리의 『토지』 읽기 · 최유찬

060 미셸 푸코의 『광기의 역사』 읽기 · 허 경

061 보드리야르의 『소비의 사회』 읽기 · 배영달

062 셰익스피어의 『햄릿』 읽기 · 백승진

063 앨빈 토플러의 『제3의 물결』 읽기 · 조희원

064 질 들뢰즈의 『감각의 논리』 읽기 · 최영송

065 데리다의 『마르크스의 유령들』 읽기 · 김보현

066 테야르 드 샤르댕의 『인간현상』 읽기 · 김성동

067 스피노자의 『윤리학』 읽기 · 서정욱

068 마르크스의 『자본론』 읽기 · 최형익

069 가르시아 마르께스의
『백년의 고독』 읽기 · 조구호

070 프로이트의
『정신분석 입문 강의』 읽기 · 배학수

071 프로이트의 『꿈의 해석』 읽기 · 이경희

072 토머스 쿤의 『과학혁명의 구조』 읽기 · 곽영직

073 토마스 만의 『마법의 산』 읽기 · 윤순식

074 진수의 『삼국지』 나관중의 『삼국연의』
읽기 · 정지호

075 에리히 프롬의 『건전한 사회』 읽기 · 최흥순

076 아리스토텔레스의 『정치학』 읽기 · 주광순

077 이순신의 『난중일기』 읽기 · 김경수

078 질 들뢰즈의 『마조히즘』 읽기 · 조현수

079 『열국지』 읽기 · 최용철

080 소쉬르의 『일반언어학 강의』 읽기 · 김성도

081 『순자』 읽기 · 김철운

082 미셸 푸코의 『임상의학의 탄생』 읽기 · 허 경

083 세르반테스의 『돈키호테』 읽기 · 박 철

084 미셸 푸코의 『감시와 처벌』 읽기 · 심재원

085 포이어바흐의 『기독교의 본질』 읽기 · 양대종

086 칼 세이건의 『코스모스』 읽기 · 곽영직

087 『삼국유사』 읽기 · 최광식

088 호르크하이머와 아도르노의
『계몽의 변증법』 읽기 · 문병호

089 스티븐 호킹의 『시간의 역사』 읽기 · 곽영직

090 에리히 프롬의
『자유로부터의 도피』 읽기 · 임채광

091 마르크스의 『경제학-철학 초고』 읽기 · 김 현

092 한나 아렌트의
『예루살렘의 아이히만』 읽기 · 윤은주

093 미셸 푸코의 『말과 사물』 읽기 · 심재원

094 하버마스의
『의사소통 행위 이론』 읽기 · 하상복

095 기든스의 『제3의 길』 읽기 · 정태석

096 주디스 버틀러의 『젠더 허물기』 읽기 · 조현준

097 후설의 『데카르트적 성찰』 읽기 · 박인철

098 들뢰즈와 가타리의 『천 개의 고원』,
「서론: 리좀」 읽기 · 조광제

099 레비스트로스의 『슬픈 열대』 읽기 · 김성도

100 에리히 프롬의 『사랑의 기술』 읽기 · 박찬국

101 괴테의 『파우스트』 읽기 · 안삼환

102 『도덕경』 읽기 · 김진근

103 하이젠베르크의 『부분과 전체』 읽기 · 곽영직

104 『홍루몽』 읽기 · 최용철

105 키르케고르의
『죽음에 이르는 병』 읽기 · 박찬국

· 세창명저산책은 계속 이어집니다.